ORÁCULO SAGRADO DOS CRISTAIS

JUDY HALL

ORÁCULO SAGRADO DOS CRISTAIS

AUTOCONHECIMENTO, CURA E ADIVINHAÇÃO POR MEIO DE CRISTAIS E PEDRAS PRECIOSAS

Tradução
Denise de Carvalho Rocha

Editora Pensamento
SÃO PAULO

À memória de Christine Hartley – vidente, sábia, mentora,
amiga – com sinceros agradecimentos.

Título do original: *The Crystal Wisdom Healing Oracle*.

Publicado pela primeira vez no Reino Unido em 2016 por Watkins, um selo da Watkins Media Limited, www.watkinspublishing.com.

1ª edição 2025.

Nota do editor: As informações apresentadas neste livro não pretendem substituir a consulta e o tratamento médico profissionais. Os editores não têm nenhuma responsabilidade por quaisquer lesões ou danos ocorridos em resultado da aplicação dos conceitos apresentados neste livro.
Nota da autora: Este livro não faz nenhuma afirmação quanto ao uso medicinal das pedras, e as informações apresentadas aqui não têm a intenção de substituir o tratamento médico. As propriedades de cura são fornecidas apenas para orientação. A doença é uma desarmonia, a manifestação final do desequilíbrio ou perturbação espiritual, ambiental, psicológica, kármica, emocional ou mental. A cura a que me refiro consiste em levar a mente, o corpo e o espírito de volta ao equilíbrio e propiciar a evolução da alma; não significa necessariamente uma cura física.
Editor: Adilson Silva Ramachandra
Gerente editorial: Roseli de S. Ferraz
Gerente de produção editorial: Indiara Faria Kayo
Editoração eletrônica: Cauê Veroneze Rosa
Revisão: Luciane Gomide

Dados Internacionais de Catalogação na Publicação (CIP)
(Câmara Brasileira do Livro, SP, Brasil)

Hall, Judy, 1943-2021
Oráculo sagrado dos cristais : autoconhecimento, cura e advinhação por meio de cristais e pedras preciosas / Judy Hall ; tradução Denise de Carvalho Rocha. -- 1. ed. -- São Paulo : Editora Pensamento, 2025.
Título original: The crystal wisdom healing oracle
ISBN 978-85-315-2436-3
1. Cristais - Aspectos psíquicos 2. Cristais - Uso terapêutico 3. Pedras preciosas - Aspectos psíquicos 4. Pedras preciosas - Uso terapêutico 5. Saúde I. Título.
25-269128 CDD-133.2548

Índices para catálogo sistemático:
1. Cristais : Uso terapêutico : Esoterismo 133.2548
Cibele Maria Dias - Bibliotecária - CRB-8/9427

Direitos de tradução para o Brasil adquiridos com exclusividade pela
EDITORA PENSAMENTO-CULTRIX LTDA., que se reserva a
propriedade literária desta tradução.
Rua Dr. Mário Vicente, 368 – 04270-000 – São Paulo – SP – Fone: (11) 2066-9000
http://www.editorapensamento.com.br
E-mail: atendimento@editorapensamento.com.br
Foi feito o depósito legal.

SUMÁRIO

INTRODUÇÃO

A SABEDORIA DOS CRISTAIS: PASSADO, PRESENTE E FUTURO

“Zacarias da Babilônia, nos volumes que dedica ao rei Mitrídates, atribui o destino do homem à influência das pedras preciosas; e quanto à 'hematita', ele não se contenta em atribuir a ela a cura de doenças nos olhos e no fígado, como a coloca nas mãos dos suplicantes ao rei, permite que ela interfira na lei, em litígios judiciais e julgamentos, e proclama também que ser ungido com um unguento dessa pedra é benéfico na batalha.”

– **Plínio, o Velho (23-79 EC),**
História Natural, Livro XXXVII

AS VIBRAÇÕES DOS CRISTAIS

"A cura energética é como a desfragmentação do seu disco rígido. As partes dispersas do seu ser se integram novamente."

Jennifer Ritchie Payette

A cura com cristais e a litomancia são artes antigas. Os cristais têm sido usados como oráculos desde tempos imemoriais e muitos dos seus significados divinatórios remontam à Antiguidade. As qualidades reflexivas das pedras fazem com que elas sirvam como espelhos para revelar o caminho da sua alma. Elas conectam você àquela parte do seu ser que é onisciente e onipresente. Depois que você entra em sintonia com ela, a sabedoria dos cristais aprimora todos os aspectos da sua vida. Ela também o auxilia a compreender o motivo por que você pode precisar de cura e revela as causas das suas indisposições[1].

Há milhares de anos, os cristais são usados ou dispostos sobre o corpo para curar e restaurar o equilíbrio. Uma das primeiras "receitas cristalinas" remonta a sete mil anos e vem da Assíria, onde pedras de Heliotrópio, Cornalina e Selenita foram usadas para curar um homem enfermo. O Heliotrópio, tanto na época quanto nos dias de hoje, está em ressonância com o sangue e os rins. A tradição de usar os cristais para a cura persiste até a atualidade e está presente em diferentes culturas. Hoje, você pode usar seu *Oráculo Sagrado dos Cristais para a cura pessoal e do ambiente, ou para a adivinhação.*

---

1. Consulte o quadro da p. 16 para compreender o significado que a autora confere à palavra "indisposição". (N. da T.)

OS NÍVEIS DE PODER DOS CRISTAIS

Os cristais vibram em frequências que variam desde as mais terrenas e densas até as mais elevadas e etéreas. Para refletir essa variação vibratória, as cartas do Oráculo Sagrado dos Cristais são divididas em cinco vibrações: Terrena, Terapêutica, Cósmica, Integrativa e Interativa. Nenhuma vibração é melhor do que as outras; elas simplesmente têm aplicações diferentes. As cartas de Vibração Terrena geralmente funcionam bem no nível material do ser: o corpo físico e o mundo ao nosso redor. As cartas de Vibração Terapêutica auxiliam na compreensão dos efeitos da mente sobre a matéria e nas necessidades da alma encarnada em seu corpo, mostrando como retornar a um estado de bem-estar. As cartas de Vibração Cósmica, que têm uma vibração excepcionalmente alta, atuam no nível da alma e ativam a intuição. Existem também cristais que conectam o mundo material aos mundos multidimensionais sutis; essas são as cartas de Vibração Integrativa, e sua função é reduzir frequências mais elevadas, para que a sabedoria celestial possa ser transmitida aqui para a Terra; e aumentar suas vibrações, para que você possa integrar as orientações e a cura em sua vida. Por fim, as cartas de Vibração Interativa oferecem cura prática e reequilíbrio por meio da disposição das cartas.

O amplo espectro das cartas confere camadas sutis de cura e significado às respostas que você recebe do Oráculo. Ao usar as cartas para cura ou adivinhação, sempre considere, ao examinar uma delas, em que aspecto da vida ela funciona melhor. É possível selecionar apenas cartas que operam numa única dimensão optando pela vibração ou pelo naipe mais apropriado; no entanto, quando você incorpora cartas de todas as vibrações em sua leitura, elas podem acessar fatores ocultos das suas perguntas e oferecer uma infinidade de possibilidades de cura.

[fig das cartas p. 10]

1 TURMALINA NEGRA

Terrena

12 QUANTUM QUATTRO

Terapêutica

25 ANANDALITA

Cósmica

32 LINGAM DE SHIVA

Integrativa

50 CAROÍTA

Interativa

CAMINHOS DA ALMA

Este Oráculo se baseia na premissa de que você tem uma trajetória de vida que foi traçada pela alma antes do seu nascimento, com a orientação dos seus mentores espirituais. Esse plano anímico pode incluir bem-estar, traumas, doenças ou deficiências, como caminhos para o crescimento. No entanto, pode haver planos anímicos mais antigos, que já foram positivos, mas agora estão obsoletos. Isso causa confusão em sua vida e pode levar a indisposições, caso essas intenções desatualizadas da alma não forem desativadas ou substituídas por algo mais adequado à sua vida presente. Como nossa vida muda com muita rapidez, pode ser que um plano anímico que era apropriado antes da sua encarnação agora precise ser substituído por um novo plano – e é isso que *O Oráculo Sagrado dos Cristais* revela. Do mesmo modo, uma doença que beneficie seu crescimento espiritual pode não ter cura, pois sua alma pode ter escolhido, antes desta encarnação, vivenciar essa doença ou deficiência, para que ela o ajudasse a adquirir certas "qualidades anímicas": paciência, compaixão, não julgamento e assim por diante. Se esse aprendizado não foi concluído, a cura não ocorrerá.

CURA E INDISPOSIÇÃO

No contexto deste Oráculo de Cura, chamamos de "indisposição" qualquer desequilíbrio energético nos níveis físico, emocional, mental, psíquico, kármico, ancestral ou espiritual. O local onde essa indisposição ou esse desequilíbrio acaba por se manifestar é o corpo físico, mas nem toda indisposição ocorre no nível da matéria. Ela pode ser simplesmente um desequilíbrio energético. As cartas ajudam você a buscar a origem da sua indisposição e a sanar seus efeitos. Essa cura é alcançada por meio do reequilíbrio e da reintegração das energias, que levam você a recuperar o bem-estar no nível de que sua alma e suas intenções precisam para concluir o aprendizado desta vida. Porém, esse bem-estar não implica uma cura completa.

Você pode enfrentar as indisposições com graça e facilidade, ou então reagir com raiva e ressentimento. A escolha entre a aceitação ou a rejeição é sua. Em ambos os casos, as cartas revelarão a causa subjacente dessa indisposição.

O que encarna no seu corpo físico é apenas uma pequena porção da sua alma como um todo. Poderíamos chamar essa parte que encarna de "pequeno eu" e o que permanece nas dimensões sutis de "Eu Superior" ("superior" porque opera numa vibração mais sutil do que a física). O Eu Superior enxerga muito mais longe, já que não está sujeito às restrições do tempo e do espaço.

Sua alma como um todo tem acesso a informações kármicas e ancestrais, ao plano de vida e à intenção evolutiva. Ela sente uma grande compaixão pelo pequeno eu, à medida que ele passa pelo processo de aperfeiçoamento que remove incrustações e detritos tóxicos que se sobrepõem ao ser puro. A alma opera num mundo multidimensional. Além dos níveis físico, emocional, mental, kármico, ancestral, planetário e espiritual, ela tem acesso a guias e mentores. Depois que o pequeno eu e a alma como um todo passam a se comunicar, sua consciência sofre uma grande expansão. O papel dos cristais é justamente conectar essas múltiplas dimensões do seu ser, para ampliar sua consciência e integrar suas energias.

Quartzo Rosa, Halita e Purpurita: uma combinação purificadora

COMO FUNCIONA O *ORÁCULO SAGRADO DOS CRISTAIS*: UM RESUMO

As cartas do *Oráculo Sagrado dos Cristais* abrangem cristais de diversas vibrações e origens. Alguns deles são pedras comuns, encontradas em todos os lugares. Outros são pedras raras e excepcionais, por isso é praticamente impossível você encontrar essas pedras por conta própria. No entanto, agora você tem acesso instantâneo a todo esse potencial cristalino. A qualidade excelente das ilustrações deste livro permite que você use as cartas do mesmo modo que usaria um cristal; as vibrações e propriedades de cura são precisamente as mesmas.

Este livro que acompanha as cartas do Oráculo fornece as informações básicas necessárias para ajudá-lo a se sintonizar com o Oráculo.

O **Capítulo Um** ensina a usar as cartas para a cura e a transformação pessoais, dispondo-as em torno do corpo para restaurar o equilíbrio. Esse capítulo contém informações sobre os chakras e as conexões fisiológicas das cartas. Embora todas elas possam ser usadas para a cura e a transformação, as cartas de Vibração Terapêutica e Interativa são particularmente adequadas para esse propósito.

O **Capítulo Dois** mostra como fazer perguntas ao Oráculo e montar as grades cristalinas que respondam às suas perguntas. Ele também oferece dicas sobre como formular essas perguntas.

O **Capítulo Três** apresenta os perfis dos cristais, incluindo o significado de cada pedra para a adivinhação e o autoconhecimento, junto com um *insight* de cura, a indicação do tempo, o nível vibracional, as conexões com os chakras e os caminhos da alma.

O **Glossário** da página 127 explica termos mais específicos e pouco conhecidos.

CAPÍTULO UM

CURA E TRANSFORMAÇÃO: A PRÁTICA COM AS CARTAS

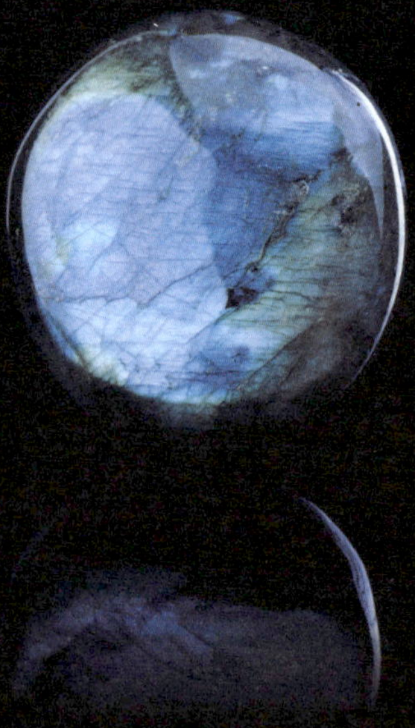

“Deves saber que o poder das coisas naturais é tão grande que não apenas atua sobre todas as coisas próximas, pela sua virtude, como também, além disso, infunde nelas um poder semelhante.”

– **Henrique Cornélio Agrippa,**
cerca de 1500 ec.

O USO TERAPÊUTICO DOS CRISTAIS

"Então, farás para ele um remédio contra isso: hematita (moída), desh[2] e alfarroba em mel e azeite."

Papiro de Ebers, cerca de 1550 aec.

O uso terapêutico dos cristais remonta aos primórdios da Pré-História. Assim como os povos da China Antiga, os mesopotâmicos, os babilônios, os egípcios e os povos do subcontinente indiano[3] também tinham pleno conhecimento dos constituintes químicos das pedras e de suas aplicações medicinais. Como mostram o *Papiro de Ebers*, com cerca de 3.500 anos, outros papiros de cunho medicinal e "fragmentos de remédios" de calcário, no antigo Egito as propriedades adstringentes do Lápis-Lazúli e da Turquesa, e o efeito antibacteriano da Malaquita eram utilizados com frequência. As propriedades anti-inflamatórias da Hematita, rica em ferro, e de outras pedras vermelhas estancavam hemorragias e inchaços e dissipavam a raiva ou a discórdia. Mas as pedras também eram usadas de acordo com suas afinidades e ressonâncias cromáticas. Acreditava-se, por exemplo, que as pedras verdes descansavam e restauravam os olhos por ter os mesmos tons da folhagem – rara numa paisagem predominantemente desértica. As pedras azuis exerciam uma influência tonificante e combatiam os espíritos das trevas (muitas vezes vistos como causa das indisposições, tanto físicas quanto mentais), evocando a assistência dos espíritos sábios e iluminados.

---

2. Embora a identificação precisa de "*desh*" não seja clara, alguns estudiosos sugerem que poderia se tratar de uma referência a uma erva, resina ou outro ingrediente usado na medicina tradicional egípcia. (N. da T.)
3. Termo usado para designar a região geográfica que inclui os países da Índia, Paquistão, Bangladesh, Nepal, Butão e Sri Lanka, e, em algumas definições, a Maldivas. (N. da T.)

APLICAÇÕES PRÁTICAS

As cartas de *O Oráculo Sagrado dos Cristais* incorporam perfeitamente a energia de cada cristal e podem ser dispostas sobre o corpo para promover equilíbrio terapêutico e transformação emocional. Por exemplo, você pode usar a carta do Sílex (2) para limpar energeticamente incrustações kármicas e padrões emocionais obsoletos que impedem seu progresso. Tudo o que precisa fazer é "pentear" suavemente o espaço ao redor do seu corpo com a carta ou colocá-la voltada para baixo sobre o coração por cinco a dez minutos. Em seguida, você pode colocar a carta do Quartzo Rosa (15) sobre o coração para impregná-lo com amor incondicional. No entanto, é possível provocar uma cura mais específica e direcionada colocando-se determinadas cartas sobre ou ao redor do corpo e dos chakras (ver pp. 34-44). Você também pode escolher uma carta apropriada para a condição ou o órgão que necessita de cura (ver pp. 26-33).

INSIGHTS DE CURA

Cada carta inclui um *insight* de cura. Meditar sobre esse *insight* durante cinco minutos diariamente e aplicá-lo em sua vida cotidiana pode fazer uma enorme diferença em seu bem-estar. Mantenha a carta onde você a verá ao acordar e ao adormecer.

A SELEÇÃO DAS SUAS CARTAS DE CURA

Comece segurando as cartas nas mãos por alguns segundos, para entrar em sintonia com elas. Peça a elas que falem a verdade e facilitem a cura que sirva ao seu bem mais elevado.

Para escolher uma carta apropriada, você pode colocar sobre uma superfície as cartas de Vibração Terapêutica ou Interativa voltadas para cima e escolher aquela(s) que o atraia(m) instantaneamente. Ou, se preferir, pode usar todo o baralho. Por outro lado, pode pegar uma carta pela qual sinta certo desagrado ou aversão instantânea e trabalhar com ela; isso pode lançar uma luz surpreendente sobre seu bem-estar, ou a falta dele.

Uma alternativa é embaralhar as cartas de Vibração Terapêutica ou Interativa, ou até mesmo o baralho inteiro, pedindo que uma carta apropriada seja revelada conforme você seleciona intuitivamente as cartas – se uma cair enquanto você embaralha, use-a como fonte primária de cura ou como a primeira carta que será aplicada. As cartas podem ser colocadas ao seu redor nas grades de cura mostradas nas páginas 39-44. Se tiver perguntas sobre sua saúde, você também pode usar uma das técnicas oraculares do Capítulo Dois para revelar as causas subjacentes.

SOLUÇÕES EMERGENCIAIS

As cartas também podem fornecer assistência emergencial para as causas mais comuns das indisposições:

- **Baixa imunidade:** carta do Heliotrópio ou do Quantum Quattro (11, 12) voltada para baixo, sobre o centro do peito.
- **Estresse e tensão ou descanso insuficiente:** carta da Auralita 23, da Ametista ou da Selenita (24, 17, 21) voltada para baixo sobre a testa ou voltada para cima, atrás da cabeça.
- **Choque ou trauma:** carta do Quartzo Rosa ou da Ametista (15, 17) voltada para baixo, sobre o coração.
- **Emoções tóxicas ou pensamentos negativos:** carta do Quartzo Enfumaçado Elestial, da Auralita 23 ou da Malaquita (28, 24, 5) voltada para baixo, sobre o plexo solar ou no topo da cabeça.
- **Exaustão emocional/baixa energética:** carta do Olho do Furacão ou do Sílex (48, 2) embaixo da axila esquerda ou voltada para baixo, sobre o plexo solar.
- **Ansiedade ou medo:** carta da Anandalita, da Ametista ou da Turquesa (25, 17, 39) voltada para baixo sobre o plexo solar.
- **Criatividade bloqueada:** carta da Menalita ou Cornalina (40, 7) voltada para baixo, sobre o abdômen.

AFINIDADES TERAPÊUTICAS DOS CRISTAIS

Além das conexões com os chakras (ver pp. 34-38), cada cristal possui suas afinidades terapêuticas e aplicações tradicionais. As cartas podem ser usadas assim como você usaria um cristal. Coloque a carta voltada para baixo onde a cura é necessária ou posicione-a sobre o chakra ou órgão relevante para sua condição física ou indisposição emocional ou mental. Você também pode dispor as cartas ao redor do seu corpo, de acordo com as grades apresentadas nas páginas 39-44.

VIBRAÇÃO TERRENA

1. **Turmalina Negra** – **Órgãos/sistemas:** meridianos de energia, coluna vertebral; sistema imunológico. **Aplicações:** desintoxicação, indisposição provocada por frequências eletromagnéticas, doenças debilitantes ou crônicas, dislexia, artrite, alívio da dor.
2. **Sílex** – ***Órgãos/sistemas:*** reprodutor, memória e estrutura celulares. ***Aplicações:*** depressão e transtornos obsessivos, verrugas, sinais de nascença e rugas, elasticidade dos tecidos e da pele.
3. **Jaspe Moukaíta** – **Órgãos/sistemas:** fígado, baço, rins, bexiga; sistemas imunológico, digestório e reprodutor. **Aplicações:** cistite, antienvelhecimento, alto teor de açúcar no sangue, alterações genéticas, hérnia, gravidez, retenção de líquidos, purificação do sangue, feridas.

4. **Crisocola** – **Órgãos/sistemas:** fígado, rins, intestinos, pâncreas, tireoide; sistemas metabólico e digestório. **Aplicações:** artrite, doenças ósseas, espasmos musculares, úlceras, distúrbios sanguíneos, problemas pulmonares, reoxigenação do sangue, infecções, TPM e cólicas menstruais.
5. **Malaquita** – **Órgãos/sistemas:** fígado, nervo óptico, pâncreas, baço, paratireoide, DNA e estrutura celular; sistemas reprodutor e imunológico. **Aplicações:** desintoxicação, cólicas, pressão sanguínea, asma, artrite, epilepsia, fraturas, inchaço nas articulações, problemas de crescimento, enjoo de movimento, vertigem, tumores, diabetes.
6. **Jaspe Mamangaba** – **Órgãos/sistemas:** pulmões; sistemas digestório e reprodutor. **Aplicações:** alergias, estimulante imunológico.
7. **Cornalina** – **Órgãos/sistemas:** linfa e rins, ossos e ligamentos, órgãos e tecidos ricos em sangue; sistemas reprodutor e metabólico. **Aplicações:** baixa vitalidade, frigidez, impotência, problemas lombares, reumatismo, artrite, neuralgia, depressão.

8. **Granada** – **Órgãos/sistemas:** sangue, coração, pulmões, DNA; sistema metabólico. **Aplicações:** distúrbios na coluna e celulares.
9. **Olho-de-Tigre** – **Órgãos/sistemas:** olhos, garganta, ossos; sistema reprodutor. **Aplicações:** visão noturna.
10. **Ágata Rendada Azul** – **Órgãos/sistemas:** garganta, ombro, tireoide, pâncreas, capilares, sistemas nervoso e esquelético. **Aplicações:** hidrocefalia, problemas no pescoço, infecções linfáticas, deformidade artrítica e óssea.

VIBRAÇÃO TERAPÊUTICA

11. **Heliotrópio** – **Órgãos/sistemas:** fígado, intestinos, rins, baço e bexiga; sistemas metabólico e imunológico. **Aplicações:** estimulador imunológico, insônia, infecções agudas, inflamação, aborto espontâneo, purificação do sangue e linfas.
12. **Quantum Quattro** – **Órgãos/sistemas:** fígado, rins, trato digestório, pulmões, pâncreas, tireoide, células T, glândula timo, estruturas intercelulares, músculos; sistemas metabólico e imunológico. **Aplicações:** equilibrador imunológico, distúrbios celulares, estabilizador de açúcar no sangue, reoxigenação do sangue, doença de Ménière, pressão alta, dor, enxaqueca, fadiga, choque, náusea, TPM, artrite, úlceras, cãibras musculares, infecções e miasmas.
13. **Lápis-Lazúli** – **Órgãos/sistemas:** garganta, laringe, tireoide, órgãos, medula óssea, glândula timo; sistemas respiratório, nervoso e imunológico feminino. **Aplicações:** menopausa, TPM, insônia, dor, enxaqueca, depressão, perda auditiva, sangue, vertigem, pressão sanguínea.

14. **Peridoto** – **Órgãos/sistemas:** pele, olhos, coração, glândula timo, pulmões, vesícula biliar, baço, trato intestinal; sistema metabólico. **Aplicações:** regeneração de tecidos, úlceras, contrações no parto, transtorno bipolar, hipocondria, melancolia, problemas digestivos.
15. **Quartzo Rosa** – **Órgãos/sistemas:** peito, pulmões, rins, glândulas suprarrenais; sistemas cardíaco e circulatório. **Aplicações:** trauma, desequilíbrios sexuais, luto, vício, superação dos efeitos do abuso, vertigem, fertilidade, queimaduras, bolhas, doença de Parkinson, demência.
16. **Água-Marinha** – **Órgãos/sistemas:** mandíbula e dentes, estômago, olhos, tireoide, glândula pituitária; sistemas hormonal e imunológico. **Aplicações:** estresse, medo, dores de garganta, glândulas inchadas, crescimento, excreção, doenças autoimunes, dor de dente.
17. **Ametista** – **Órgãos/sistemas:** pulmões, pele, sangue, órgãos de excreção, transmissão neural; sistemas hormonal, endócrino, metabólico, imunológico, respiratório e digestório. **Aplicações:** vícios, dor, pesadelos, raiva, fúria, medo, ansiedade, luto, dor de cabeça, hematomas, lesões, inchaços, queimaduras, distúrbios auditivos, distúrbios celulares, distúrbios digestivos, insônia, depressão.
18. **Citrino** – **Órgãos/sistemas:** baço, pâncreas, olhos, glândula timo, tireoide; sistemas nervoso, digestório, circulatório e hormonal masculino. **Aplicações:** sensibilidade a influências ambientais, depressão, medos, fobias, pesadelos, prurido, desintoxicação, excreção, energização, recarga, Síndrome da Fadiga Crônica, doença degenerativa, infecções nos rins e na bexiga, constipação, celulite, Alzheimer.
19. **Apatita** – **Órgãos/sistemas:** cartilagem, dentes, ossos, células; sistema metabólico. **Aplicações:** hiperatividade, autismo, exaustão

nervosa, irritabilidade, apatia, dor, absorção de cálcio, habilidades motoras, artrite, problemas articulares, raquitismo, hipertensão.

20. **Labradorita** – **Órgãos/sistemas:** olhos, cérebro; sistemas metabólico e hormonal. **Aplicações:** alinhamento dos corpos físico e etérico, TPM, verrugas, vitalidade, estresse, regulação do metabolismo, resfriados, gota, reumatismo, pressão sanguínea, tratamento radiônico.

VIBRAÇÃO CÓSMICA

21. **Selenita** – **Órgãos/sistemas:** ossos, coluna vertebral; sistema linfático. **Aplicações:** epilepsia, envenenamento por mercúrio, energia.
22. **Maianita Arco-Íris** – **Órgãos/sistemas:** todos. **Aplicações:** cura em todos os níveis.
23. **Quartzo Trigônico** – **Órgãos/sistemas:** cérebro; sistemas circulatório e linfático. **Aplicações:** equilíbrio de fluidos, inchaço nas articulações; aplicação principal no nível da alma, corpos sutis e corpo de luz.
24. **Auralita 23** – **Órgãos/sistemas:** cérebro e processos neurológicos. **Aplicações:** demência, memória.
25. **Anandalita** – **Órgãos/sistemas:** glóbulos brancos; sistemas nervoso central, linfático, circulatório, psíquico e imunológico físico. **Aplicações:** harmoniza o corpo de luz no físico.
26. **Azeztulita** – **Órgãos/sistemas:** sistema celular. **Aplicações:** distúrbios celulares, inflamação, mudança vibracional.
27. **Agente de Cura Dourado** – **Órgãos/sistemas:** todos; esquema etérico. **Aplicações:** mestre de cura multipropósito para todos os sistemas.

28. **Quartzo Enfumaçado Elestial** – **Órgãos/sistemas:** neurônios, órgãos de excreção; esquema etérico. **Aplicações:** cura celular multidimensional, desintoxicação, raios X e radioterapia, limpeza kármica.
29. **Quartzo Nirvana** – **Órgãos/sistemas:** corpo etérico. **Aplicações:** além do físico; cura a alma.
30. **Ajoíta** – **Órgãos/sistemas:** memória celular e estruturas. **Aplicações:** principalmente além do físico; cura a alma e o corpo etérico.

VIBRAÇÃO INTEGRATIVA

31. **Jaspe Policromo** – **Órgãos/sistemas:** DNA; sistemas circulatório, digestório e reprodutor. **Aplicações:** doenças genéticas, vitalidade, aterramento.
32. **Lingam de Shiva** – **Órgãos/sistemas:** pênis, testículos; sistema reprodutor masculino, sistemas elétrico e de meridianos sutis. **Aplicações:** infertilidade, impotência, inorgasmia, cólicas menstruais.
33. **Bluestone de Preseli** – **Órgãos/sistemas:** garganta; sistema imunológico. **Aplicações:** reequilíbrio.
34. **Moldavita** – **Órgãos/sistemas:** corpo energético sutil. **Aplicações:** trauma emocional, desconexão da Terra; oferece consciência da origem da indisposição e apoia o processo de cura.
35. **Alma Gêmea** – **Órgãos/sistemas:** além do físico. **Aplicações:** problemas de relacionamento, integração.
36. **Granito Rosa** – **Órgãos/sistemas:** ossos; assimilação de cálcio e minerais; sistema elétrico. **Aplicações:** fraturas, aterramento, estabilização e reenergização.

37. **Aragonita Lavanda** – **Órgãos/sistemas:** ossos e discos da coluna; sistemas imunológico e metabólico. **Aplicações:** Síndrome de Reynaud, calafrios, absorção de cálcio, espasmos noturnos, cãibras musculares, aterramento.
38. **Ametista Brandenberg** – **Órgãos/sistemas:** esquema etérico, cérebro límbico; sistemas nervoso, celular, elétrico, metabólico e imunológico. **Aplicações:** cristal mestre de cura; devolve o esquema etérico ao estado ideal.
39. **Turquesa** – **Órgãos/sistemas:** olhos, estômago, tecidos, meridianos sutis; sistemas imunológicos físico e psíquico. **Aplicações:** infecções virais, gota, reumatismo, anti-inflamatória, desintoxicação, cãibras, dor.
40. **Menalita** – **Órgãos/sistemas:** seios, útero, tubas uterinas, testículos; sistemas hormonal, endócrino e reprodutor feminino. **Aplicações:** concepção, gravidez, fertilidade, menopausa, cólicas menstruais, contagem de espermatozoides.

VIBRAÇÃO INTERATIVA

41. **Halita** – **Órgãos/sistemas:** memória celular; sistemas respiratório e metabólico. **Aplicações:** limpeza, desintoxicação, retenção de água, problemas intestinais, transtorno bipolar, distúrbios respiratórios e cutâneos.
42. **Jaspe Kambaba** – **Órgãos/sistemas:** bile e vesícula biliar, estruturas celulares, cerebelo, DNA; sistema digestório. **Aplicações:** desintoxicação, assimilação de vitaminas e minerais, cura celular, doenças psicossomáticas, Mal de Parkinson, equilíbrio.

43. **Rodozita** – **Órgãos/sistemas:** função cerebral, olhos. **Aplicações:** dor, tumores, inflamação tecidual, doenças celulares, equilíbrio do pH, dores de cabeça, enxaqueca.
44. **Purpurita** – **Órgãos/sistemas:** memória celular, sistemas cardiotorácico e circulatório. **Aplicações:** resistência, hematomas, hemorragia, pústulas, purificação do sangue, regulação do pulso.
45. **Rodocrosita** – **Órgãos/sistemas:** pele, tireoide, rins, coração, órgãos sexuais; sistema circulatório. **Aplicações:** filtro para substâncias irritantes, asma e problemas respiratórios, visão, pressão sanguínea, batimento cardíaco, enxaqueca.
46. **Diamante de Herkimer** – **Órgãos/sistemas:** estruturas celulares, DNA, corpo etérico. **Aplicações:** desintoxicação, proteção contra radioatividade e campos eletromagnéticos, insônia, estresse, distúrbios celulares, desequilíbrios metabólicos.
47. **Ancestralita** – **Órgãos/sistemas:** memória celular, DNA. **Aplicações:** cura multidimensional, especialmente ancestral; desintoxicação; fertilidade; erupções cutâneas.
48. **Olho do Furacão** – **Órgãos/sistemas:** glândulas suprarrenais, rins, codificação do DNA etérico; sistema imunológico. **Aplicações:** estresse, pressão sanguínea, suporte à quimioterapia, cura celular.
49. **Quartzo Enfumaçado Gráfico** – **Órgãos/sistemas:** pulmões, alinhamento da coluna, artérias, veias, nervos; estrutura celular e esquelética; sistema linfático. **Aplicações:** desintoxicação, articulações comprimidas, tuberculose.
50. **Caroíta** – **Órgãos/sistemas:** olhos, coração, fígado, pâncreas; sistema nervoso autônomo. **Aplicações:** pressão sanguínea, cãibras, dores (principalmente nas articulações do joelho), insônia, transtorno bipolar.

DESEQUILÍBRIOS NOS CHAKRAS

Os cristais estão relacionados aos chakras, portanto, a(s) carta(s) que você seleciona pode(m) indicar que um chakra está desequilibrado, gerando indisposição nos corpos físico ou sutis. Nesse caso, você pode usar essa carta ou selecionar uma carta adicional ou substituta para reequilibrar o chakra, assim como usaria um cristal, ou seja, colocando-a sobre o chakra em questão e deixando-a ali de 5 a 15 minutos. Escolha uma carta designada para esse chakra (a descrição de cada carta no Capítulo Três inclui suas conexões com os chakras), use o pêndulo ou embaralhe as cartas para escolher uma delas. Cartas selecionadas dessa maneira para uma condição ou chakra específico sintonizam-se com a questão com a qual você está lidando, indicam as causas mais profundas e reequilibram os chakras. Disponha a carta na parte relevante do corpo.

OS CHAKRAS E A FISIOLOGIA

Cada chakra está ligado a uma parte específica do corpo físico ou dos corpos sutis, seus processos e órgãos:

- **Estrela da Terra** – **Afinidades:** corpo físico, sistemas elétrico e de meridianos, nervo ciático e órgãos sensoriais.
- **Chakra da Base (Raiz)** – **Afinidades:** resposta de “luta ou fuga”, glândulas suprarrenais, bexiga, sistema excretor, gônadas, sistema imunológico, rins, parte inferior das costas, extremidades inferiores, nervo ciático, sistema linfático, próstata, reto, sistema esquelético (dentes e ossos), veias.

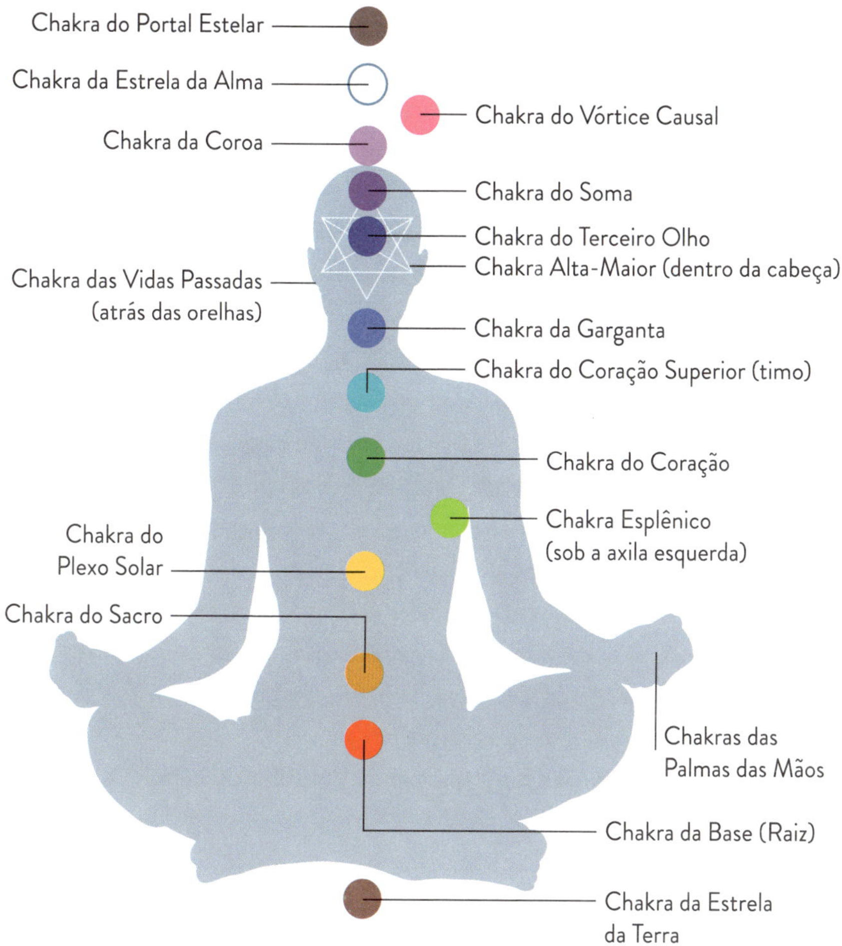
Chakra do Portal Estelar
Chakra da Estrela da Alma
Chakra do Vórtice Causal
Chakra da Coroa
Chakra do Soma
Chakra do Terceiro Olho
Chakra Alta-Maior (dentro da cabeça)
Chakra das Vidas Passadas (atrás das orelhas)
Chakra da Garganta
Chakra do Coração Superior (timo)
Chakra do Coração
Chakra Esplênico (sob a axila esquerda)
Chakra do Plexo Solar
Chakra do Sacro
Chakras das Palmas das Mãos
Chakra da Base (Raiz)
Chakra da Estrela da Terra

- **Chakra do Sacro – Afinidades:** bexiga e vesícula biliar, sistemas imunológico e excretor, rins, intestino grosso e delgado, região lombar e pélvica, sacro, baço, ovários, testículos, útero, apetite.
- **Chakra do Plexo solar – Afinidades:** glândulas suprarrenais, sistema digestório, fígado, sistema linfático, metabolismo, músculos, pâncreas, pele, intestino delgado, estômago, visão.
- **Chakra do Coração – Afinidades:** peito, circulação, coração, pulmões, ombros, glândula timo, sistema respiratório.
- **Chakra do Coração Superior (timo) – Afinidades:** sistemas imunológicos psíquico e físico, glândula timo, sistema linfático, órgãos excretores.
- **Chakra Esplênico – Afinidades:** corpo físico, sistemas elétrico e de meridianos do corpo, nervo ciático e órgãos sensoriais.
- **Chakra da Garganta – Afinidades:** ouvidos, nariz, sistemas respiratório e nervoso, seios paranasais, pele, garganta, tireoide, paratireoide, língua, amígdalas, fala e linguagem corporal, metabolismo.
- **Chakra do Terceiro Olho – Afinidades:** cérebro, ouvidos, olhos, sistemas neurológico e endócrino, glândulas pineal e pituitária, hipotálamo, produção de serotonina e melatonina, controle de temperatura, couro cabeludo, seios paranasais.
- **Chakra do Soma (na metade da linha do cabelo, acima do Chakra do Terceiro Olho) – Afinidades:** ponto de ligação com os corpos etéricos; todo o corpo, incluindo os corpos etéricos, o corpo de luz, os sistemas de energia sutil e as glândulas pineal e pituitária.
- **Chakra das Vidas Passadas – Afinidades:** plano kármico e corpos etéricos.

- **Chakra da Coroa** – **Afinidades:** cérebro, sistema nervoso central, cabelo, hipotálamo, glândula pituitária, coluna vertebral, corpos de energia sutil, cerebelo, controle nervoso motor, postura e equilíbrio.
- **Chakras das Palmas** – **Afinidades:** nervos, tendões, gânglios, pele, mãos, dedos, unhas.
- **Chakra Alta-Major** – **Afinidades:** sistemas endócrinos sutil e físico, incluindo o hipocampo, o hipotálamo, a glândulas pineal e a pituitária; a função cerebral, o cerebelo e os movimentos voluntários dos músculos; a medula oblonga, que controla a respiração, a frequência cardíaca e a pressão arterial; o equilíbrio hormonal, a região occipital e o nervo óptico; a garganta; a coluna vertebral; os padrões de sono.
- **Chakra do Vórtice Causal** – **Afinidades:** planos etérico e kármico, doenças hereditárias e kármicas, DNA e RNA.
- **Chakra da Estrela da Alma e Chakra do Portal Estelar** – **Afinidades:** corpos de energia sutil e a alma.

COMO DISPOR AS CARTAS PARA EQUILIBRAR OS CHAKRAS

A disposição completa das cartas nos locais dos chakras (consulte o diagrama das posições dos chakras na página 35) gera harmonia em todo o seu corpo.

- Deite-se confortavelmente onde não será incomodado.
- Coloque uma carta de Vibração Terrena a seus pés, no Chakra da Estrela da Terra, para ancorar *insights* em sua vida cotidiana e integrar energias de vibração mais elevada.

- Em seguida, coloque uma carta de Vibração Interativa, Terapêutica ou outra apropriada voltada para baixo em cada chakra, do Chakra da Base para cima.
- Coloque cartas de Vibração Cósmica acima da cabeça para abrir o Chakra da Coroa e para facilitar um influxo de energias de vibração superior.
- Deite-se em silêncio por 5 a 15 minutos, para que a energia do cristal seja absorvida. Observe quaisquer *insights*, pensamentos ou sentimentos, mas não se apegue a eles. Se emoções surgirem, sinta-as por completo até que se dissipem. Deixe "espaços vazios" à espera de serem preenchidos com a luz do cristal. Deixe a energia do cristal transmutar o negativo em positivo e liberar seu potencial.
- Quando terminar, reúna as cartas na ordem inversa.

Lembre-se: *Após o uso terapêutico das cartas, sempre as purifique com a fumaça de um bastão de defumação, com a chama de uma vela ou com luz solar (ver p. 50).*

GRADES DE CURA: DISPOSIÇÃO DAS CARTAS SOBRE O CORPO OU AO REDOR DELE

Além de usar as cartas diretamente sobre os chakras, você pode dispô-las em padrões ou grades específicas, sobre seu corpo ou ao redor dele, na sua casa ou no ambiente em que está. Essas grades não apenas energizam o espaço que envolvem, mas também irradiam o padrão para o espaço mais amplo à sua volta. Selecione cartas de um único naipe vibracional ou combine todos os naipes para ancorar as energias, criar um espaço seguro ou lançar mão de aplicações específicas de cura, inclusive a cura a distância.

Lembre-se: *Após o uso terapêutico das cartas, sempre as purifique com a fumaça de um bastão de defumação, com a chama de uma vela ou com luz solar* *(ver p. 50).*

GRADE DE RELAXAMENTO OU SOLUÇÃO PARA INSÔNIA

Coloque as cartas da Ametista, da Auralita 23 e do Heliotrópio (17, 24, 11) num semicírculo acima da sua cabeça, apontando para dentro e para baixo, de modo a ajudá-lo a relaxar, ou coloque-as embaixo do travesseiro, para melhorar a qualidade do sono. Adicione a carta do Sílex ou do Quartzo Enfumaçado Elestial (2, 28) aos seus pés, se sentir que a causa da sua tensão pode estar relacionada à sensibilidade eletromagnética (e não durma com o celular no quarto).

GRADE DE INTEGRAÇÃO DE FREQUÊNCIAS SUPERIORES: A LEMNISCATA

As cartas podem ajudar a atrair frequências vibratórias mais elevadas para restaurar seu corpo, levando-o a recuperar o bem-estar. Coloque as cartas sobre seu corpo e ao redor dele, formando a figura de um oito (veja a ilustração a seguir para se orientar). Coloque cartas de Vibração Cósmica ao redor da metade superior do corpo, começando pelo lado direito, subindo por sobre a cabeça e descendo em direção à cintura (pontos azuis e roxos). Coloque três cartas de Vibração Integrativa ou Interativa na altura do plexo solar, do umbigo e do Chakra do Sacro (pontos vermelhos). Continue formando a figura do oito com cartas de Vibração Terrena, Integrativa ou Interativa, dando a volta nos pés e subindo novamente até a cintura, para ancorá-los (pontos amarelo, verde e turquesa). Ative a lemniscata com o poder da mente.

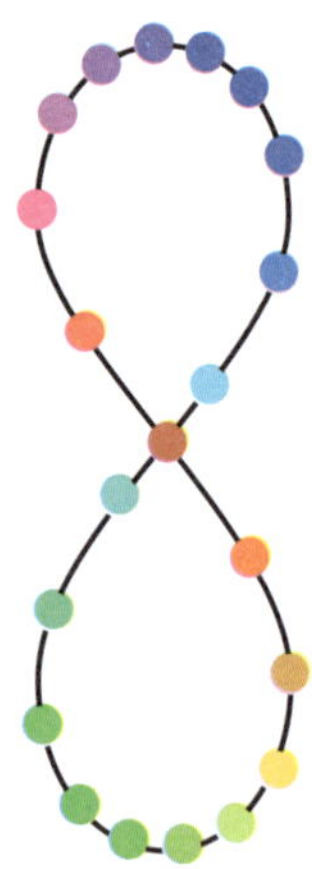

GRADE DE PROTEÇÃO OU DO ESPAÇO SAGRADO: A ESTRELA DE DAVI

A desarmonia sutil causada pelas frequências eletromagnéticas (FEMs) ou por energias ambientais deletérias pode afetar de maneira negativa sua saúde. Uma grade de cartas de cristais ao redor da cama, da casa ou do local de trabalho pode melhorar significativamente seu bem-estar e a qualidade do sono. Você também pode dispor as cartas ao redor do corpo para fazer um tratamento de cura, ou ao redor da residência para criar um espaço sagrado. As cartas também podem ser dispostas num ponto central menor, para que irradiem suas vibrações por uma área muito maior. Selecione as cartas apropriadas de Vibração Terapêutica e Interativa para proteção, ou cartas de Vibração Terrena, Cósmica ou Integrativa, para criar um espaço sagrado. Uma combinação de cartas apropriadas transmutará as energias deletérias em frequências terapêuticas. O Lápis-Lazúli, a Turmalina Negra, o Sílex, a Ametista, o Olho do Furacão e o Diamante de Herkimer (13, 1, 2, 17, 48, 46) são pedras que podem oferecer proteção contra frequências eletromagnéticas. Para unir os pontos energeticamente, você não precisa desenhar de fato a grade da Estrela de Davi; basta manter uma imagem mental dela enquanto dispõe as cartas.

Para criar um espaço seguro no qual as frequências eletromagnéticas ou energias ambientais deletérias não possam penetrar, ou para criar um espaço sagrado, siga estes passos:

- Forme um triângulo colocando uma carta no ponto 1, o vértice superior (veja o diagrama na página 43), e descendo em ângulo até o ponto 2, onde colocará outra carta, e depois horizontalmente até o ponto 3, que será a base do triângulo.

- Forme outro triângulo sobre o primeiro, mas desta vez apontando para baixo, até o ponto 6, no vértice inferior. Busque a simetria, formando uma estrela perfeita.

COMO APLICAR UMA GRADE DE CURA EM VOCÊ MESMO: A ESTRELA DE DAVI

Você precisará de três cartas de Vibração Terrena, Terapêutica e/ou Interativa, e outras três de Vibração Cósmica, Integrativas e/ou Interativas. Use um conjunto de três cartas para cada triângulo, que serão colocadas na ordem inversa à da grade protetora apresentada anteriormente; ou seja, forme primeiro o triângulo que aponta para baixo e depois o que aponta para cima.

- Acomode-se confortavelmente num local onde ninguém irá incomodá-lo.
- Estenda os braços e coloque uma carta de Vibração Terrena, Terapêutica e/ou Interativa sob cada mão (pontos 4 e 5 abaixo).
- Agora, sente-se e coloque uma carta de Vibração Terrena abaixo dos pés (ponto 6).
- Una esse triângulo com o poder da mente.
- Coloque duas cartas de Vibração Cósmica, Integrativa e/ou Interativa na altura dos joelhos, alinhadas com as primeiras cartas que você dispôs (pontos 2 e 3).
- Deite-se novamente e coloque uma carta de Vibração Cósmica acima da cabeça (ponto 1).
- Una esse triângulo também com o poder da mente.

- Agora você está no centro de uma Grade Estrela de Davi. Deite-se em silêncio por 5 a 15 minutos, enquanto as cartas realizam seu trabalho de cura.
- Quando a sessão de cura estiver completa, retire as cartas na mesma ordem em que as colocou.

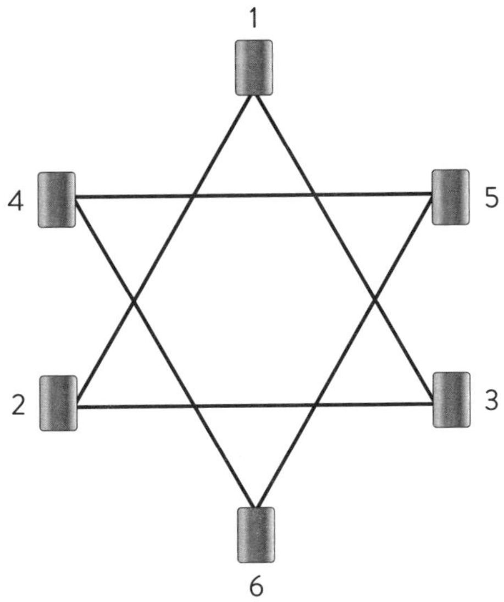

CURE SEU AMBIENTE: GRADE EXPLOSÃO SOLAR

A Grade Explosão Solar energiza uma área mais ampla. Você pode montá-la em sua casa ou no ambiente em que está, ou montá-la sobre um mapa rodoviário, se estiver trabalhando a distância. Embaralhe todas as cartas e coloque uma no centro; em seguida, disponha as cartas no sentido horário a partir do ponto mais distante (1 no diagrama). Ao dispor as cartas, siga sua intuição.

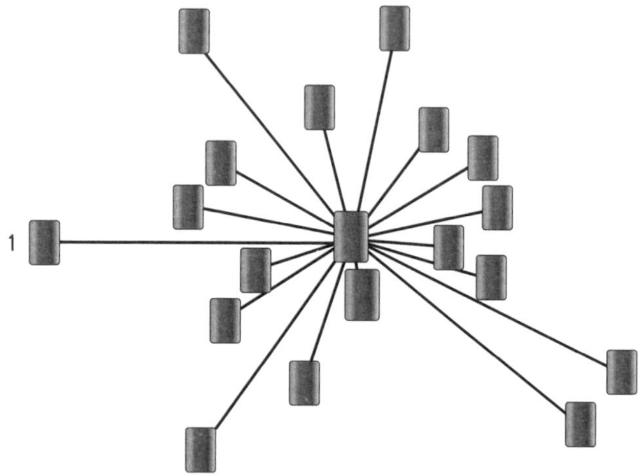

CURA A DISTÂNCIA: GRADE EXPLOSÃO SOLAR

A Grade Explosão Solar também pode ser montada sobre a fotografia de uma pessoa que precise de cura, mas não esteja presente. Escolha cartas de Vibração Terapêutica e Interativa. Coloque a primeira carta sobre a fotografia e depois prossiga como descrito anteriormente.

CAPÍTULO DOIS

SINTONIZAÇÃO COM A SABEDORIA DOS CRISTAIS: CONSULTA AO ORÁCULO

“Segura em tua mão piedosa o cristal brilhante.
Imagem transparente da luz eterna.
Encantado com seu brilho, todo deus ouvirá
tuas promessas com favores, e atenderá tua oração...
Sê audaz e desafia o oráculo a testar.
Uma resposta verdadeira se renderá a cada pedido...”

– **“Lithica”,**

(“O Lapidário do século IV”)

O USO DAS CARTAS COMO ORÁCULO

"A adorável Água-Marinha, que parece ter vindo do baú de tesouro de alguma sereia das profundezas de um mar de verão, tem encantos inegáveis".

Plínio, o Velho (23-79 EC), *História Natural*

As cartas de cristais capturam a essência dessas pedras e a refletem de volta para você. Elas o conectam ao ser sábio que existe dentro do cristal. Se você permitir, essas pedras podem fornecer uma orientação que vem não apenas da sua alma, mas também de dimensões superiores da consciência.

AS VIBRAÇÕES

As cartas são divididas em cinco naipes, de acordo com suas vibrações: Terrenas, Terapêuticas, Cósmicas, Integrativas e Interativas. Nenhuma vibração é melhor do que as outras. Elas pertencem simplesmente a diferentes ressonâncias vibratórias, níveis de consciência e aspectos da vida. Você pode escolher trabalhar com um ou mais naipes vibratórios ao consultar o Oráculo, dependendo da natureza da sua pergunta.

PARA COMEÇAR

Assim que adquirir seu baralho, medite durante alguns minutos sobre cada carta. Deixe seus olhos levemente desfocados e contemple a carta em questão. Entre em sintonia com a energia dela e peça ao cristal que trabalhe para o seu bem maior e para o bem de todos. Cada vez que usar o baralho, segure as cartas nas mãos por alguns instantes para renovar a sintonia com elas e ativar suas energias.

QUAL O LADO CERTO?

As cartas de cristais não têm um significado diferente quando estão invertidas, portanto, mantenha todas elas na posição normal ao embaralhar. Para ter uma compreensão mais profunda da sua pergunta, tire uma carta e obtenha uma resposta imediata ou disponha várias cartas numa grade de cristal (ver pp. 55-61).

AO EMBARALHAR AS CARTAS

Cabe a você decidir se prefere usar o baralho inteiro para responder à sua pergunta ou apenas um ou mais naipes. Essa escolha vai depender da natureza da sua pergunta, é claro, ou da sua decisão de enfocar uma área relativa a um naipe específico. Se estiver inseguro, deixe sua intuição dar a resposta.

AS RESPOSTAS

Cada carta tem respostas voltadas para o autoconhecimento, a adivinhação e a cura. As respostas são concisas (por falta de espaço) e abrangem possibilidades auspiciosas e aparentemente menos auspiciosas. Mas as cartas não fazem distinção entre essas possibilidades. Depois de receber sua resposta, reserve alguns instantes para ponderar sobre as cartas e deixar sua intuição apontar o que é relevante para você. Não tire conclusões precipitadas. A resposta que você pensa ter recebido (ou o que esperava ouvir) pode não ser o que realmente é, pois os oráculos podem não ser muito claros. Deixe *O Oráculo Sagrado dos Cristais* falar diretamente ao seu coração.

A APLICAÇÃO DAS RESPOSTAS

A sabedoria dos cristais só vai funcionar para você se estiver disposto a deixar o passado para trás, incorporar os conselhos do Oráculo em todos os aspectos da sua vida e ampliar sua consciência para abranger os incríveis mistérios da alma e da consciência expandida que o aguardam. Medite sobre as cartas, deixe-as sob o travesseiro e, acima de tudo, viva a vida que você está destinado a viver.

COMO CUIDAR DAS SUAS CARTAS DE CRISTAL

Guarde suas cartas na caixa quando não estiverem em uso. Para limpá-las antes ou depois de uma leitura, passe-as pela fumaça de um bastão de defumação ou pela chama de uma vela, ou coloque-as ao sol por meia hora.

Uma alternativa é guardar uma pedra rolada de Cornalina junto com o baralho, para que as cartas fiquem sempre limpas e energizadas, prontas para uso. A Cornalina é uma das pedras de cura mais antigas de que se tem conhecimento; seu efeito purificador já foi comprovado há mais de 5 mil anos e seus poderes têm sido utilizados desde então. A limpeza das cartas é recomendável principalmente depois que elas forem usadas para a cura. A Cornalina eliminará qualquer energia negativa absorvida pelas cartas. Tudo o que é preciso para limpar essa pedra são alguns minutos sob água corrente e, se possível, 20 minutos sob o sol para secar.

COMO FORMULAR PERGUNTAS

"Respondi a três perguntas, e isso é suficiente."

Lewis Carroll (1832-1898)

O tipo exato de pergunta que você faz influencia a clareza da resposta que recebe do seu Oráculo. Perguntas muito vagas ou confusas são impossíveis de responder. Perguntas mais amplas (aquelas que não exigem uma resposta "sim" ou "não") criam espaço para que algo novo possa emergir e o invisível se torne visível. Elas revelam potenciais, iluminam escolhas e destacam resistências ocultas. Além disso, incentivam e facilitam *insights* oraculares.

Procure ser sucinto, mas lembre-se de que, ao usar as cartas, perguntas muito simples geram respostas genéricas demais para que tenham alguma serventia. Formule perguntas muito complexas e você terá que estender a resposta para poder respondê-las. Evite perguntas como "Por que ele fez isso?" ou "Ela vai se casar comigo?" que se concentram na outra pessoa. Essas perguntas não apenas bloqueiam *insights* sobre você mesmo, como também são facilmente mal interpretadas.

Além disso, o amplo espectro de poder cristalino abrangido pelas cartas confere camadas sutis de significado às respostas que você recebe; portanto, ao avaliar a carta de um cristal, considere onde ela se aplica melhor na sua vida. É possível selecionar apenas cartas que operam na mesma dimensão; no entanto, a opção de usar todos os naipes ao mesmo tempo pode ajudar a acessar fatores multidimensionais relacionados às suas perguntas.

PERGUNTAS ÚTEIS

- Por favor, me forneça *insights* sobre... [seja preciso].
- Como posso seguir em frente?
- O que existe por trás desta situação?
- O que posso aprender com isso?
- Como o passado está afetando o presente?
- Por favor, esclareça esta situação para mim: [descreva a situação].
- Por favor, mostre-me como resolver esta situação.
- O que é necessário para sanar esta situação?
- O que não estou conseguindo ver?
- Por favor, me oriente se devo... [seja preciso].
- Qual seria uma boa linha de ação para mim?
- Qual seria o resultado se eu... [especifique a ação]?

DE QUE MODO CONSULTAR O ORÁCULO

Ao consultar o Oráculo, procure manter a mente aberta e evite preconceitos. Para receber respostas claras, concentre-se em si mesmo e em seu bem mais elevado. Faça perguntas claras e abertas (e não faça muitas), e busque compreensão e clareza em vez de respostas do tipo sim ou não (ver pp. 56-61 para conhecer algumas práticas úteis). Anote suas perguntas por escrito. Reflita sobre elas. Só então faça a pergunta ao Oráculo.

COMO INTERPRETAR AS RESPOSTAS

A adivinhação oferece uma orientação; ela não diz o que você deve fazer. Ela aponta escolhas e possibilidades. Os oráculos podem alertar sobre acontecimentos iminentes e lhe dar orientações sobre como enfrentá-los. Mas! Os oráculos são notoriamente ambíguos e obscuros. Eles dão respostas que podem ser interpretadas de várias maneiras. Quando o rei Creso foi informado pelo Oráculo de Delfos de que um grande império cairia se ele fosse para a guerra, ele não esperava que fosse o próprio império que desmoronasse. Mas foi.

Ao receber uma resposta, permaneça aberto a todas as possibilidades. Uma resposta que pareça indicar uma coisa pode na verdade apontar para algo completamente diferente. "Vou encontrar o relacionamento certo?" pode ser respondido em vários níveis. *O Oráculo Sagrado dos Cristais* pode destacar mudanças pessoais que você precisa implementar para atrair exatamente o relacionamento certo, e mostrar a base emocional na qual você fez a pergunta: ela brotou simplesmente do seu desejo de preencher um vazio em sua vida, de se sentir necessário ou completo, ou surgiu da vontade de ter uma parceria que possa enriquecer a vida? O Oráculo também pode indicar o melhor momento de buscar um novo relacionamento e quaisquer obstáculos que possa surgir no seu caminho. Interpretar a resposta de maneira flexível abre a possibilidade de manifestar o que você realmente precisa.

O futuro é fluido; ele ainda não aconteceu, portanto qualquer coisa é possível. Os cristais também oferecem um espectro de possibilidades, mas insistem que você assuma a responsabilidade por suas próprias ações. Usados com sabedoria, os oráculos o ajudam a se conhecer melhor. Portanto, depois de receber sua resposta, reserve um tempo para avaliá-la sob vários ângulos e garantir que compreendeu totalmente a amplitude da orientação oferecida. Não presuma que a resposta que você deseja é a que recebeu. Mantenha a mente aberta. E lembre-se, os oráculos não fazem o trabalho por você. Você é que precisa colocar as coisas em movimento.

SE O SEU DESEJO NÃO FOR REALIZADO

O que pensamos que queremos nem sempre é o melhor para nós. Nossa alma tem uma programação, uma intenção que leva ao crescimento, não à facilidade e ao conforto. Para uma vida verdadeiramente gratificante, é necessário que você esteja em sintonia com o propósito da sua alma, e as cartas indicam onde isso entra em conflito com seus desejos. Como disse um filósofo antigo:

> "Não é bom que todos os seus desejos se realizem;
> Através da doença, você reconhece o valor da saúde,
> Através do mal, o valor do bem,
> Através da fome, a satisfação,
> Através do esforço, o valor do descanso."
>
> Heráclito (c.535–c.475 AEC.)

GRADES CRISTALINAS

"Presumimos que a grade seja apenas uma estrutura, uma estrutura básica e nada mais. Talvez não seja surpreendente descobrir que esse não é absolutamente o caso. A grade cristalina é, na realidade, o coração pulsante que serve de pano de fundo para que energias circulem de várias maneiras."

Don Robins, *The Secret Language of Stone* (1988)

As grades cristalinas ajudam você a pressagiar o caminho à frente e expandir a consciência, facilitando a compreensão e o crescimento da alma. Tudo, inclusive a consciência, precisa de uma estrutura por meio da qual se expressar, portanto o posicionamento dos cristais na forma de grade sintoniza você com os constituintes básicos desses minerais e com o modo como eles moldam o mundo material. Mas as grades fazem mais do que isso. Elas guardam a essência, o espírito do próprio cristal.

Você encontrará uma variedade de grades nas páginas 56-62. Cada uma tem atributos específicos, então dedique algum tempo para se familiarizar com elas, pois isso o ajudará a escolher a mais apropriada para sua situação. Por exemplo, a grade na forma de um quadrado (ver p. 59) é eficaz principalmente para problemas mais práticos, ao passo que a grade ortorrômbica (ver p. 60) pode ajudá-lo a obter *insights sobre suas motivações ocultas.*

A TIRAGEM DAS CARTAS

Segure o baralho nas mãos por alguns instantes e declare sua intenção de que o Oráculo responda de maneira clara e verdadeira, para o seu bem mais elevado. Em seguida, embaralhe bem as cartas e faça uma pilha. Vá tirando as que estão no topo da pilha, colocando-as voltadas para cima na grade que escolheu, seguindo a ordem indicada. Observação: se uma das cartas cair enquanto as estiver embaralhando, coloque-a na posição número 1.

GRADES INTERNAS

Cada cristal tem a própria grade ou estrutura interna. Do mesmo modo, você tem um campo energético sutil gerado por suas experiências anteriores. Você poderia chamar isso de karma (o que aconteceu antes e o que está sendo criado agora). Esse campo inclui intenções que a alma traz do passado e que agora podem estar obsoletas e precisam ser repensadas. Essas intenções são como programas de computador antigos que ainda estão em execução em segundo plano, retardando o plano atual da alma ou contradizendo a intenção presente e criando uma sutil indisposição. Mas você também tem uma herança ancestral que influencia sutilmente suas expectativas e seu bem-estar – e programas que operam num nível profundo em sua mente subconsciente e afetam seu comportamento e suas percepções. Quando você trabalha com cristais, os campos se fundem e o levam a diferentes dimensões e períodos. As grades de cristais interagem com sua consciência e respondem a perguntas específicas que geram uma compreensão profunda, curam indisposições subjacentes ou destacam sua causa e preveem o caminho à frente. Elas expandem sua compreensão do seu caminho de vida.

INDICAÇÃO DO TEMPO

Cada cristal ressoa com um ou mais signos do zodíaco, oferecendo informações cronológicas, caso você precise.

Áries	21 de março a 20 de abril
Touro	21 de abril a 20 de maio
Gêmeos	21 de maio a 20 de junho
Câncer	21 de junho a 21 de julho
Leão	22 de julho a 22 de agosto
Virgem	23 de agosto a 22 de setembro
Libra	23 de setembro a 22 de outubro
Escorpião	23 de outubro a 21 de novembro
Sagitário	22 de novembro a 21 de dezembro
Capricórnio	22 de dezembro a 20 de janeiro
Aquário	21 de janeiro a 19 de fevereiro
Peixes	20 de fevereiro a 20 de março

O CAMINHO DO EU MULTIDIMENSIONAL

Uma grade de cristal triclínica pode ser aberta para refletir o caminho do eu multidimensional e mostrar como você pode manifestar mais do seu verdadeiro eu (veja a página 62 para saber o que cada posição das cartas revela):

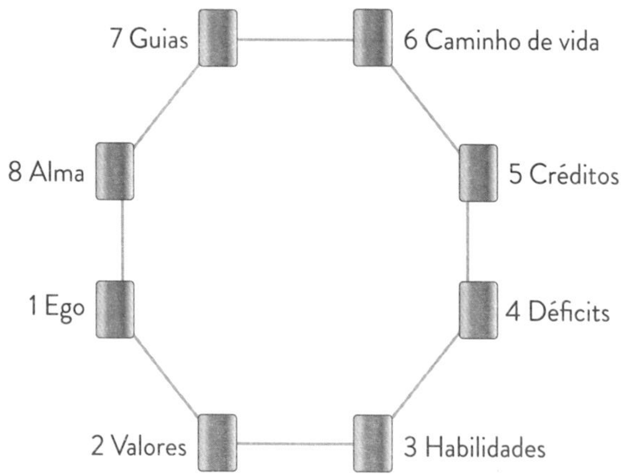

GRADE QUADRADA

Os cristais cúbicos são constituintes sólidos e imóveis do mundo material. Essa tiragem responde a perguntas do tipo "e se?" ou "o que preciso fazer para alcançar [um resultado desejado]?". Você obtém uma resposta rápida, mas esteja preparado para empreender a ação necessária para ter um resultado frutífero. Faça uma tiragem para cada opção que sua situação lhe permita e compare-as.

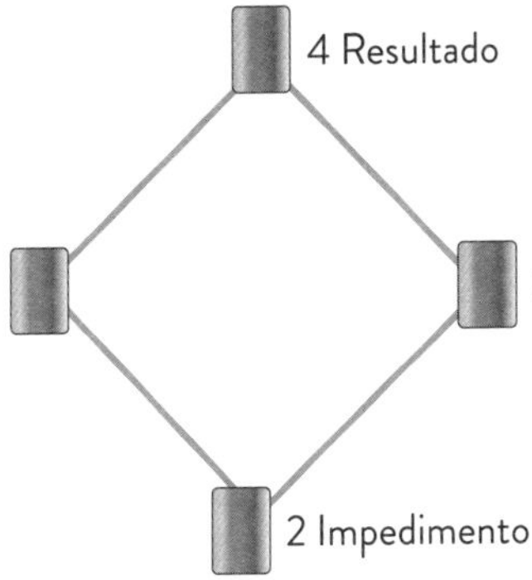

POSIÇÕES DAS CARTAS:

1. **Intenção/situação:** Essa carta mostra o que você busca ou a situação em que está. Pode ser um pouco diferente do que pensava que estava perguntando, pois capta interesses ocultos e motivos subconscientes que estão abaixo da superfície da sua intenção ou situação.
2. **Impedimento:** Essa posição destaca programações subconscientes, medos, crenças, o interesse de "agradar às pessoas" ou intenções anímicas obsoletas que ainda estão em execução em segundo plano. Se você busca agradar os outros ou fazer a vontade deles, ou cumprir planos desatualizados, é improvável que se manifeste produtivamente para seu próprio bem mais elevado.
3. **Ação necessária:** Essa carta mostra o que você precisa fazer para criar o futuro desejado.
4. **Resultado:** Essa carta indica o resultado se você continuar no mesmo curso de ação ou com a mesma ideia. O resultado pode ser construtivo ou insensato: as cartas não julgam.

GRADE ORTORRÔMBICA

Os cristais ortorrômbicos purificam e limpam, revelando fatores ocultos que o prendem e habilidades que o fazem avançar. Essa tiragem responde a perguntas que requerem respostas profundas e revela o propósito da alma. Ela ajuda a investigar onde você inconscientemente se sabota e o que precisa deixar de lado para que possa alcançar seu objetivo.

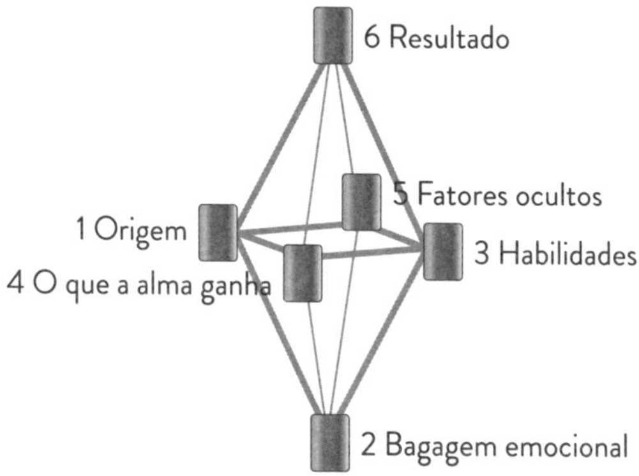

POSIÇÕES DAS CARTAS

1. **Origem:** A fonte do problema ou da situação (seja nesta vida, seja numa anterior).
2. **Bagagem emocional:** O que você carrega consigo do passado.
3. **Habilidades:** O que você já aprendeu e pode utilizar para uma conclusão bem-sucedida.
4. **O que a alma ganha:** Como sua alma evoluirá em resultado.
5. **Fatores ocultos:** Qualquer coisa da qual você não está ciente, positiva ou negativa, pessoal ou coletiva, que poderia afetar o resultado, a menos que seja trazida à luz e resolvida ou reformulada. Essa carta também revela onde você se sabota ou é impedido pelos outros.
6. **Resultado:** O resultado pode ser positivo ou insensato: as cartas não julgam.

GRADE HEXAGONAL

Os cristais hexagonais representam a existência na Terra numa comunidade produtiva e harmoniosa. Eles equilibram energias e auxiliam na exploração de questões específicas. Essa tiragem profunda revela o caminho da sua alma e explora maneiras de você avançar e cumprir seu propósito. E o ajuda a chegar ao cerne da razão por que uma situação surgiu.

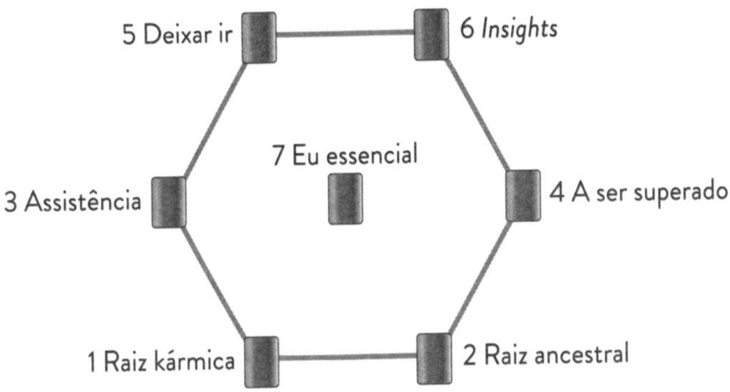

POSIÇÕES DAS CARTAS

1. **Causa kármica raiz:** O que você criou em outras vidas; crenças e atitudes ou intenções que a alma carrega consigo. Reequilíbrio ou renegociação necessários.
2. **Causa ancestral raiz:** Padrões familiares, sistemas de crenças e expectativas que se manifestam em você.
3. **O que ajudará:** Habilidades e atitudes positivas que você já desenvolveu. Guias e mentores.
4. **A ser superado:** Obstáculos, mentalidades, valores culturais e oposições que precisam ser transformados. Planos anímicos que precisam ser repensados.
5. **O que deve ser deixado ir:** Pensamentos, crenças, atitudes, medos ou intenções antigas da alma.
6. ***Insights* a serem adquiridos:** Sabedoria que sua alma recebe.
7. **O eu essencial:** Tudo o que você realmente é.

GRADE TRICLÍNICA

Os cristais triclínicos atuam como catalisadores para a mudança. Eles são caprichosos e impulsivos, trazendo desordem e agitação. Esses cristais acabam por integrar opostos e ajudam a explorar outras dimensões. Eles ajudam você a conhecer a amplitude do seu ser e a entrar em contato com orientações superiores. Uma tiragem útil se você não souber para onde seguir.

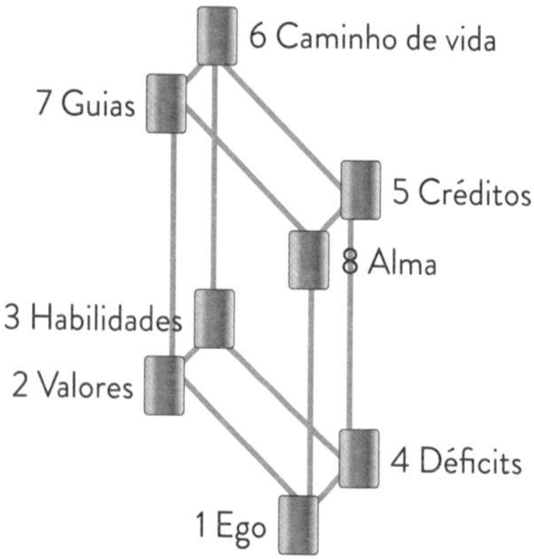

POSIÇÕES DAS CARTAS

1. **Ego/Pequeno eu:** A visão restrita de você mesmo e de seus desejos e medos.
2. **Valores:** O que você valoriza na vida.
3. **Habilidades fundamentais:** Atitudes positivas que você mantém.
4. **Déficits:** Lições ainda não aprendidas, medos e expectativas negativas, planos obsoletos.
5. **Créditos:** As riquezas de seu passado e tudo o que você aprendeu lá.
6. **Caminho de vida:** O novo caminho que sua alma deseja seguir.
7. **Guias/Mentores:** Aqueles que buscam ajudar ou orientar você no mundo espiritual ou material.
8. **Alma:** Tudo o que você é em dimensões superiores.

CAPÍTULO TRÊS

VIBRAÇÕES CRISTALINAS: OS NAIPES MULTIDIMENSIONAIS

“Eu trago a ti um cofre de belas joias.
Elas foram coletadas no oceano, na terra e no ar;
Em seus cabelos dourados, elas podem não brilhar;
Mas reúna-as todas no santuário do seu espírito.
São gemas da mina infinita do pensamento
Que com paciência e habilidade
transformei em formosura.
Eu consagrei todas elas com uma prece por ti,
Então, aceite-as – essa doce lembrança de mim.”

– Miss H.J. Woodman,

The Language of Gems, with their poetic sentiments

(1845)

VIBRAÇÕES MULTIDIMENSIONAIS:

VIBRAÇÃO TERRENA

A primeira, e mais densa, das camadas de ressonância vibracional é a frequência Terrena. Essa é a ressonância pragmática do lar, da prosperidade, das preocupações práticas, das posses materiais, do corpo e do bem-estar físico, mas também pode estar relacionada à inspiração, à fertilização e à manifestação: o início de novos projetos e entendimentos.

CARTAS DE VIBRAÇÃO TERRENA

Cristais de Vibração Terrena operam bem no mundo físico e trazem coisas à manifestação. A vibração terrena não é uma vibração inferior. Ela tem valor igual às vibrações mais elevadas. Cristais terrenos são úteis para proteção e manifestação, e ancoram a energia, nos libertam do passado e fazem as coisas acontecerem. Esses cristais ajudam em questões pragmáticas e na vivência no mundo material. Eles carregam um Ki, ou força vital, substancial. Se sua pergunta é puramente prática, selecione cartas de Vibração Terrena e organize-as numa grade cristalina quadrada (ver p. 59), pois assim você vai ver rapidamente o caminho adiante. Eles combinam bem com cartas de Vibração Terapêutica ou de Vibração Integrativa para ancorar respostas no cotidiano. No entanto, incluir essas cartas em questões mais abstratas ajuda a manifestar a resposta no mundo ao seu redor, em vez de permanecer apenas na mente.

Cristais de Vibração Terrena ressoam com o Chakra da Estrela da Terra, sob os pés, para mantê-lo encarnado, e com os Chakras da Base e do Sacro para concretizar projetos. Os cristais de Vibração Terrena também canalizam energia da Terra por todo o sistema de chakras (ver pp. 34-38) para energizar e ativar todos os níveis da vida.

Para conhecer as afinidades terapêuticas desse naipe, consulte as páginas 26-27.

1. TURMALINA NEGRA *proteção*

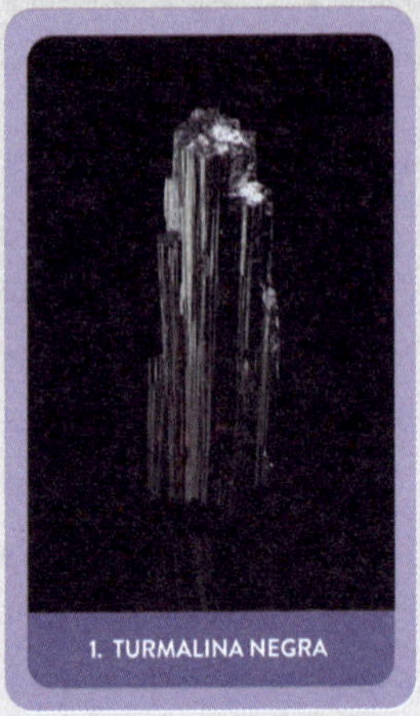

A Turmalina Negra absorve energia negativa e proporciona excelente proteção energética, aumentando a vitalidade física.

Autoconhecimento: Você é adaptável e se ajusta bem a novos lugares e situações. Tem clareza de pensamento e analisa situações com rapidez. Deixe de lado o excesso de cautela, mas permaneça protegido. Você percebe quando as pessoas desejam mal a você. Pode estar carregando uma maldição familiar ou de vidas passadas que causa indisposição. Reconheça que pensamentos e ações negativas prejudicam os outros e a si mesmo.

Adivinhação: Reforce sua proteção. Consolide planos e seja realista. Logo encontrará o caminho através dos obstáculos. Certifique-se de estar bem protegido. Mau-olhado ou inveja podem ser direcionados a você. Neutralize a energia "ruim" sem prejudicar os outros. Observe seus pensamentos. Cuide de questões práticas. Seja generoso e dê liberdade aos outros.

***Insight* de cura:** Neutralizar energias tóxicas do ambiente, proteger-se de desejos malignos ou do estresse de frequências eletromagnéticas e desintoxicar seu corpo, promovendo seu bem-estar.

FREQUÊNCIA: terrena
CHAKRAS: da Estrela da Terra e da Base
INDICAÇÃO DO TEMPO: Capricórnio
CAMINHO DA ALMA: proteção e elevação energética apropriados

2. SÍLEX *o poder dos portais*

O Sílex (ou Pederneira) estabiliza a energia e chega ao cerne das questões, eliminando bloqueios e soltando amarras. Ela abre portais para outros mundos e aspectos ocultos de si mesmo.

Autoconhecimento: Você é uma pessoa de grande profundidade interior. Não tenha medo de explorar esse lado oculto. Ele contém tesouros que você desconhece, além de karma atitudinal e emoções reprimidas que afetam seu bem-estar. O Sílex conecta você aos seus ancestrais. Um viajante entre dois mundos natural, você sabe como adentrar o mundo subterrâneo xamânico para obter *insights* de cura.

Adivinhação: Reforce seus limites. Vá direto à essência da questão, evitando confusão. É necessário recuperar fragmentos da sua alma se você deixou alguma parte de si mesmo em outra vida ou numa experiência de abuso na infância. Um visitante indesejado do passado pode ser deixado para trás; mas reconheça as lições antes de seguir em frente.

***Insight* de cura:** Para manter seu bem-estar, preste atenção aos seus limites energéticos e à sua força interior, corte laços prejudiciais e fortaleça sua conexão com o planeta.

FREQUÊNCIA: terrena
CHAKRAS: da Estrela da Terra e da Base
INDICAÇÃO DO TEMPO: Escorpião
CAMINHO DA ALMA: explorar com segurança outros mundos

3. JASPE MOUKAÍTA *o tempo dos sonhos*

O Jaspe Moukaíta equilibra as experiências interiores e exteriores. Ele incentiva a versatilidade e a abertura para novas experiências, ajudando você a escolher o caminho certo.

Autoconhecimento: Um ser poderoso, você tem raízes que remontam a um passado distante. O que você sonhou, você criou: colha recompensas ou corrija desequilíbrios. Transforme o fracasso numa experiência de aprendizado e recomece. Lembre-se de oferecer sua amizade para ajudar os outros que trilham o mesmo caminho – sua sabedoria instintiva os inspira.

Adivinhação: Verifique sua alimentação. Coloque suas habilidades em prática – com vigor. Tempos de aventura estão à frente. Não se preocupe. Você está protegido contra decepções e inimigos. Reconheça suas forças, mantenha uma atitude positiva e pragmática, rejeite ideias irreais. Evite o orgulho e o desespero. Você tem resistência: espere com paciência. Se dois cursos de ação estiverem abertos, escolha o mais direto. Um desafio profissional, como uma entrevista de emprego ou apresentação, será bem-sucedido.

***Insight* de cura:** Você é o que você come. A boa nutrição, com alimentos orgânicos saudáveis, garante o seu bem-estar.

FREQUÊNCIA: terrena a média
CHAKRAS: da Estrela da Terra, da Base e do Sacro
INDICAÇÃO DO TEMPO: Leão
CAMINHO DA ALMA: recorrer à sabedoria ancestral

4. CRISOCOLA *amor-próprio*

Uma pedra serena e amparadora, a Crisocola encoraja você a permanecer tranquilo e forte enquanto enfrenta mudanças ou desafios. Dissipando programações emocionais destrutivas, ela aumenta a assimilação de energia.

Autoconhecimento: Você tem uma capacidade de perdão infinita. Ame a si mesmo; se não puder se aceitar, não conseguirá dar amor ou aceitar o amor dos outros. Para curar seu buraco negro emocional, conecte-se ao amor universal que está dentro de você – ele nunca se esgota. Você pode, então, dar amor ao mundo e recebê-lo num fluxo inesgotável.

Adivinhação: Perdoe a si mesmo. Aceite com equanimidade o que você não pode mudar. Liberte-se de mágoas e corrija situações que podem ser curadas. Seja magnânimo. Mantenha-se imparcial e fale sua própria verdade, mas reconheça quando ficar em silêncio. Rituais mágicos podem mantê-lo preso ao passado. Pode ser preciso curar um trauma de vidas passadas relacionado a ser mulher.

***Insight* de cura:** Amargura e dúvida em relação a si mesmo não promovem o bem-estar. É bom nutrir seu corpo com amor-próprio e gentileza.

FREQUÊNCIA: terrena
CHAKRAS: purifica e ativa todos
INDICAÇÃO DO TEMPO: Touro, Gêmeos, Virgem
CAMINHO DA ALMA: amar e valorizar a si mesmo

5. MALAQUITA *o subconsciente*

A Malaquita traz à tona programações enraizadas e crenças tóxicas. Um amuleto contra a dor, essa é uma pedra poderosa para a transformação emocional. Ela estimula o instinto de sobrevivência.

Autoconhecimento: Programas ou crenças inconscientes causam indisposição psicossomática. Mergulhe voluntariamente nas profundezas – a terapia pode ser necessária. Seus medos mais profundos se tornam seus maiores dons à medida que habilidades ocultas vêm à tona. Vá aonde os anjos temem pisar para trazer *insights* sobre sua própria cura e a dos outros.

Adivinhação: Explore suas profundezas interiores. Um perigo espreita. Nem tudo é como parece. Mantenha-se firme em seu poder. Não tenha medo. Você sobrevive. Proteja-se contra forças invisíveis ou mentes poderosas que o manipulem. Aprenda sobre proteção psíquica. Faça um curso para resgatar habilidades de vidas passadas. Abra suas asas. Não se envolva com uma pessoa persuasiva.

***Insight* de cura:** Desintoxicar a mente, o corpo e as emoções, e reconhecer causas psicossomáticas profundas de indisposições são caminhos para o bem-estar.

FREQUÊNCIA: terrena a alta
CHAKRAS: do Coração, da Base, do Sacro e do Plexo Solar
INDICAÇÃO DO TEMPO: Escorpião
CAMINHO DA ALMA: transformar seu subconsciente

6. JASPE MAMANGABA *confiança*

6. JASPE MAMANGABA

As cores surpreendentes do Jaspe Mamangaba instilam uma nova vibração. A pedra estimula novos projetos, trazendo a mensagem de que você precisa ter honestidade em sua vida.

Autoconhecimento: Você é um ser divino, com riquezas interiores imensas, que sustentam a luz brilhante e energizante do Sol. Você nasceu para realizar uma tarefa específica. Carismático, você atrai as pessoas naturalmente. Você tem força interior e vai com coragem aonde outros não ousam ir. Busque seus recursos interiores e coloque-os para trabalhar a favor da cura de indisposições.

Adivinhação: Um momento de fertilização. Você está aberto para novas possibilidades. Lembre-se de que a mamangaba não é projetada aerodinamicamente para voar, mas ela voa. Supere dúvidas e incertezas. Relaxe e concentre-se. Uma visão clara é necessária. Visualize seu futuro. Amor e sorte se aproximam – aproveite as oportunidades. Seja um líder, mas evite a arrogância. Confie no universo. Você é capaz de superar obstáculos. Alguém novo ilumina sua vida.

***Insight* de cura:** Intolerâncias alimentares e outras alergias podem ser a base de qualquer indisposição física que você esteja enfrentando.

FREQUÊNCIA: terrena
CHAKRAS: do Sacro, do Plexo Solar
INDICAÇÃO DO TEMPO: Leão, Virgem, Sagitário
CAMINHO DA ALMA: triunfar sobre o impossível

7. CORNALINA *criatividade*

7. CORNALINA

A Cornalina protege contra encantamentos (feitiços), inveja e mau-olhado. Traz sorte a quem a usa e impede que o sangue suba à cabeça, causando atitudes precipitadas.

Autoconhecimento: Você tem capacidade para permanecer calmo durante disputas e autocontrole para não seguir a multidão. A coragem diante do perigo vem de uma força interior, não da imprudência. Sua família significa muito para você. Seu impulso sexual é forte; a luxúria ou a agressividade foram um problema em uma vida passada. Direcione essa característica para a criatividade e a elevação da kundalini.

Adivinhação: Seja eloquente, criativo e ousado. Não recue. Confie em suas percepções intuitivas. Distinção em sua carreira profissional está à frente. Seja um mentor. Alivie o estresse, reserve um tempo para brincar. Você é uma fortaleza em tempos de dor. Mantenha-se ancorado no presente. Liberte-se de laços emocionais ou projetos obsoletos que o impeçam de avançar. Cautela com uma pessoa carismática.

***Insight* de cura:** Vitaminas e minerais nas doses certas beneficiam seu metabolismo e promovem seu bem-estar.

FREQUÊNCIA: terrena a alta, dependendo da clareza
CHAKRAS: da Base e do Sacro
INDICAÇÃO DO TEMPO: Touro, Câncer, Leão, Virgem, Escorpião
CAMINHO DA ALMA: expressar a vitalidade da alma

8. GRANADA *paixão*

A Granada é uma pedra rejuvenescedora que, segundo a crença, protege contra o mal e afasta pesadelos, além de atrair o amor.

Autoconhecimento: Você é uma alma apaixonada com um coração corajoso. Seja confiante e constante. Liberte-se de demônios interiores, tabus, inibições e fantasias, reconheça a autossabotagem e expanda sua consciência para tudo o que você pode ser. A virtude é importante para você. Você é capaz de grande devoção a uma causa ou um relacionamento e possui um forte instinto de sobrevivência.

Adivinhação: Entre em ação agora. Um mistério é resolvido. Tenha coragem. Há uma saída. Transforme uma crise num desafio de aprendizado. Se o perigo se aproximar, mantenha a calma – você está protegido. Seja emocionalmente honesto consigo mesmo e com os outros. Você pode atrair um parceiro para a cura sexual. Não assuma compromissos de longo prazo, pois a relação pode perder o brilho assim que seu propósito for cumprido.

***Insight* de cura:** Encontrar uma válvula de escape apropriada para suas paixões e emoções cria bem-estar.

FREQUÊNCIA: média
CHAKRAS: da Base, do Sacro, do Coração; energiza todos
INDICAÇÃO DO TEMPO: Leão, Virgem, Capricórnio, Aquário
CAMINHO DA ALMA: expressar a paixão da sua alma

9. OLHO-DE-TIGRE *empoderamento*

O Olho-de-Tigre simboliza prosperidade e incentiva o uso correto do poder. Ele concilia suas necessidades com as dos outros, trazendo soluções.

Autoconhecimento: Um filho do Sol e da Terra com poderes incontáveis, você cria seu próprio destino. Faça valer seus direitos com sabedoria. Traga talentos ocultos à tona e aceite suas imperfeições. Há uma tendência para a obsessão ou o alheamento. Aterre-se. Explore suas vidas passadas para descobrir as causas dessas características. Lide de maneira sensata com a realidade do dia a dia e enfrente os desafios com intrepidez.

Adivinhação: Libere sua criatividade. Cultive prosperidade e sucesso duradouro. Longas jornadas e celebrações estão à frente. Seu poder pessoal, sua confiança e sua energia estão em alta – use-os com sabedoria. Comprometa-se com metas. Diferencie pensamentos ilusórios do que você realmente precisa. Ajude os amigos a alcançar o sonho que acalentam no coração. Vidas passadas lançam luz sobre situações atuais.

***Insight* de cura:** Fazer o que lhe traz alegria aumenta seu bem-estar.

FREQUÊNCIA: terrena a alta, dependendo da cor
CHAKRAS: do Plexo Solar, do Terceiro Olho
INDICAÇÃO DO TEMPO: Leão, Capricórnio
CAMINHO DA ALMA: tomar posse do próprio poder

10. ÁGATA RENDADA AZUL *expressão pessoal*

A Ágata Rendada Azul conecta o espírito com o intelecto. Destacando a integridade, ela aprimora a capacidade de comunicar efetivamente o que está em sua mente e em seu coração.

Autoconhecimento: Entre em sintonia com seu ser interior para expressar plenamente quem você é. Tenha confiança ao falar em público, pois você tem muito a compartilhar. Você pode ter sido silenciado no passado. A repressão de pensamentos e sentimentos causa problemas na garganta, então fale o que pensa de maneira gentil, sincera e clara. Você tem o dom da serenidade – use-o com sabedoria.

Adivinhação: Fale sua verdade sincera com integridade e confiança. Não tema ser julgado. Espere notícias em breve e mantenha as linhas de comunicação abertas. Os acontecimentos se sucedem lentamente. Volte ao básico e recomece, se necessário. Concentre sua mente e abra sua intuição. Sua vida será longa e feliz. Aceite seu lado sensível.

***Insight* de cura:** Expressar-se plenamente libera a tensão no pescoço e nos ombros, além de combater deficiências na tireoide e infecções de garganta ou linfáticas.

FREQUÊNCIA: média a alta
CHAKRAS: da Garganta, do Terceiro Olho, do Coração e da Coroa
INDICAÇÃO DO TEMPO: Gêmeos, Peixes
CAMINHO DA ALMA: expressar-se plenamente

VIBRAÇÕES MULTIDIMENSIONAIS:

VIBRAÇÃO TERAPÊUTICA

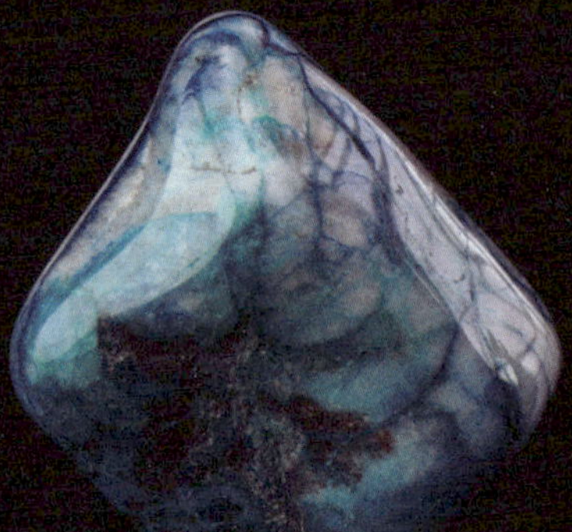

A Vibração Terapêutica tem uma ressonância elevada, leve e sutil; é a frequência da alma, da cura multidimensional, do reequilíbrio e do bem-estar em todos os níveis. Ela ajuda você a entender o que deixará sua alma mais à vontade dentro do corpo e leva as coisas à manifestação.

CARTAS DE VIBRAÇÃO TERAPÊUTICA

Curar significa integrar mente, corpo e espírito, facilitando a evolução da alma e levando o corpo de volta ao equilíbrio energético; não significa necessariamente uma cura física. O bem-estar é um estado mental, não uma condição física. As cartas dos cristais de Vibração Terapêutica elevam você acima do plano mundano, para adquirir uma perspectiva mais ampla e desapegada dos problemas cotidianos. Essas cartas mostram o efeito das necessidades e das experiências da mente e da alma sobre seu corpo físico e seu bem-estar. Elas ajudam a dissipar suavemente as causas subjacentes da indisposição: os desequilíbrios espirituais, ambientais, psicológicos, kármicos, emocionais ou mentais ou as angústias acumuladas ao longo de muitas vidas. Elas tornam mais fácil lidar com a mudança e se ajustar a novas circunstâncias, apontando o caminho caso você tenha ficado preso a um padrão ou relacionamento não construtivo.

Os chakras, pontos de conexão entre os corpos sutis e o físico, influenciam o modo como você lida com sua força vital e a utiliza (ver pp. 34-38). Os cristais de Vibração Terapêutica contêm grandes quantidades de Ki (força vital) e ondas de cura bioscalar (energia da fonte) e purificam, energizam, sintonizam e ativam os chakras, facilitando uma consciência maior em seu corpo físico. (Para aplicar as cartas diretamente para a cura, ver pp. 39-44.)

Para conhecer as afinidades terapêuticas desse naipe, consulte as páginas 28-29.

11. HELIOTRÓPIO *perseverança*

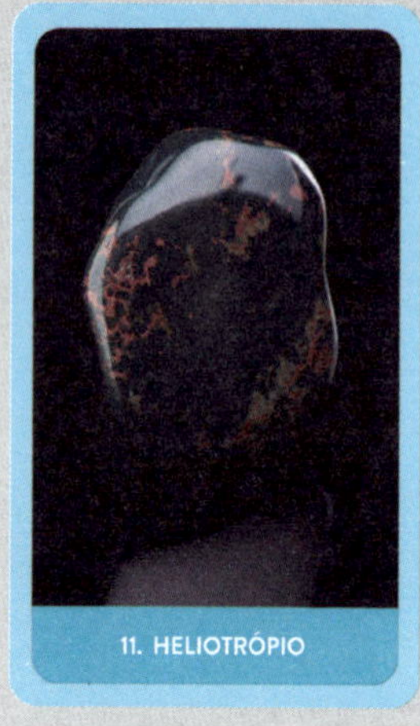

O Heliotrópio sempre teve uma conexão poderosa com a manutenção da vitalidade, a regulação da menstruação e o estancamento de hemorragias, bem como a purificação dos rins.

Autoconhecimento: Você é um ser mágico; um amálgama de sua individualidade, sua família e seu ambiente. Deixe o passado para trás. Olhe de perto sua linhagem ancestral. Reconheça padrões tóxicos que estão conduzindo sua vida de maneira subconsciente. Liberte-se e seja forte. Você pode ser agressivo ou defensivo de maneira desnecessária. Reconheça seus erros e deixe que as desarmonias interiores sejam transmutadas.

Adivinhação: A desintoxicação e o caos precedem a transmutação. A perseverança é necessária. Portas trancadas se abrem, obstáculos são removidos e um romance se fortalece. Preserve sua boa reputação. Reconheça seus inimigos e mantenha-os por perto; não se deixe enganar. Uma despedida é necessária; viva esse luto e depois siga em frente. Você é um guerreiro espiritual. Seja assertivo.

***Insight* de cura:** Nutra seu sangue e isso revitalizará todo o seu corpo.

FREQUÊNCIA: terrena
CHAKRAS: purifica e sintoniza os chakras inferiores
INDICAÇÃO DO TEMPO: Áries, Libra, Peixes
CAMINHO DA ALMA: libertar-se do passado

12. QUANTUM QUATTRO *sinergia*

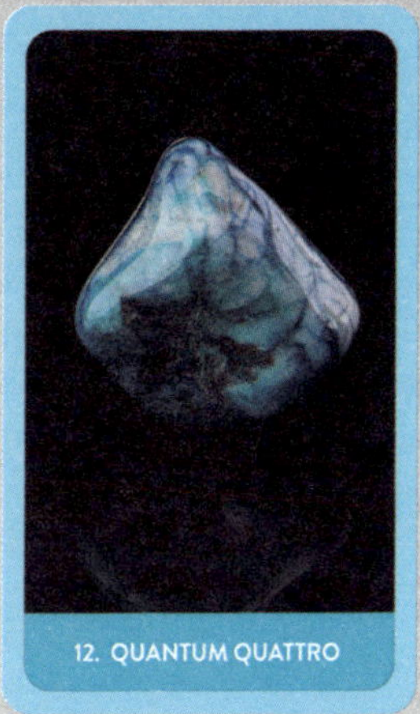

O Quantum Quattro possui um incrível poder de cura e exerce um efeito radical na vitalidade física. Essa pedra promove a mudança e a integração energéticas.

Autoconhecimento: Você é uma pessoa extremamente complexa que busca a integralidade dentro de si. Examine todos os aspectos da sua personalidade, em especial aqueles que você esconde de si mesmo ou dos outros. Aceite aqueles de valor. Encontre as dádivas que seus erros ocultam. Perdoe-se e siga em frente. Liberte-se das codependências e de relacionamentos abusivos. Cure sua criança interior. Reconheça os recursos que você tem.

Adivinhação: Aspectos kármicos precisam de cura. Sua pergunta não é tão direta quanto parece, então aprofunde-se e veja todos os lados da questão. O poder do todo é muito maior do que o de suas partes componentes. Depois que você está de posse de todas as informações, torna-se invencível e evolui com rapidez.

***Insight* de cura:** Reconhecer que você não pode curar ninguém nem influenciar o comportamento dos outros aumenta seu próprio bem-estar.

FREQUÊNCIA: alta
CHAKRAS: energiza todos
INDICAÇÃO DO TEMPO: Touro, Gêmeos, Virgem, Libra, Escorpião, Sagitário, Capricórnio
CAMINHO DA ALMA: promover a cura holística para a alma

13. LÁPIS-LAZÚLI *sabedoria celestial*

Uma das pedras mais auspiciosas da Antiguidade, o Lápis-Lazúli protege contra calamidades de todos os tipos.

Autoconhecimento: Você é uma alma imortal que possui uma conexão profunda com o céu. Seu propósito é nobre. Você anseia por sintonia espiritual, mas pode ser prejudicado por pontos de vista ultrapassados. Assuma o controle da sua vida. Olhar para o passado coloca sua experiência presente em perspectiva. Você rompeu com uma linhagem. Faça um esforço para rastrear sua história familiar e ter uma compreensão mais profunda dela.

Adivinhação: Há uma indisposição espiritual. Trabalhe com sonhos e faça viagens interiores para ter *insights* mais profundos. Lampejos intuitivos mostram o caminho. Abra o coração e o Terceiro Olho. A ajuda vem de cima. A iluminação está ao seu alcance. A percepção aprimorada mostra o que opera abaixo da superfície. Estudo e pesquisa são necessários. A verdadeira amizade é o seu dom. Proteja-se.

***Insight* de cura:** Entrar em sintonia com sua natureza divina aprimora seu bem-estar.

FREQUÊNCIA: alta
CHAKRAS: da Garganta, do Terceiro Olho, da Coroa
INDICAÇÃO DO TEMPO: Sagitário
CAMINHO DA ALMA: reconectar-se com a divindade

14. PERIDOTO *limpeza emocional*

O Peridoto dissipa pensamentos indesejados de inveja e combate terrores noturnos. Essa é uma pedra que transmuta e purifica.

Autoconhecimento: Você é profundamente emotivo e pode se apegar com possessividade ao passado ou se culpar por erros que cometeu. Por natureza, é ciumento e tem pensamentos sombrios. Desintoxique suas emoções. Aprenda a perdoar e deixar ir. Siga seu próprio plano de vida sem se julgar ou invejar os outros. Você tem o poder de passar por uma transmutação ardente e emergir transformado.

Adivinhação: Use a energia com sabedoria. Reconheça como as influências externas operam em sua vida. Desenvolva sua própria proteção. Aprenda a confiar em sua própria orientação interior. O Peridoto indica despedidas e decepções no amor. Evite o ciúme. Seja assertivo sem agressividade. Você tem um destino poderoso e uma grande integridade. Chance de ganhar dinheiro com seus talentos.

***Insight* de cura:** A inveja e o ciúme prejudicam você e também magoam os outros.

FREQUÊNCIA: terrena a alta
CHAKRAS: do Coração, do Plexo Solar
INDICAÇÃO DO TEMPO: Leão, Virgem, Libra, Escorpião, Sagitário
CAMINHO DA ALMA: purificar suas emoções

15. QUARTZO ROSA *amor incondicional*

15. QUARTZO ROSA

O Quartzo Rosa está cheio de amor incondicional e paz infinita. Ele atrai relacionamentos amorosos para você, cura traumas emocionais passados ou oferece amparo durante períodos de crise.

Autoconhecimento: Você é uma alma linda que possui paz infinita dentro de si e uma empatia enorme. É nos relacionamentos que você aprende suas lições anímicas. Cure desilusões amorosas ou abusos, e dissipe emoções tóxicas e a dor que o impedem de dar e receber amor. Você tem o poder de amar incondicionalmente e de apoiar os outros.

Adivinhação: Perdoe-se. Amor e beleza se aproximam. A solidão chegou ao fim. Bloqueios emocionais se dissipam. Não aceite a culpa. Reconheça que o amor incondicional e a amizade atraem as pessoas certas para você. Quando você se ama, é capaz de dar amor e receber o afeto dos outros. Você encontrará apoio numa crise.

***Insight* de cura:** O amor incondicional é o maior presente que você pode dar a si mesmo ou ao outro.

FREQUÊNCIA: média a alta, dependendo da clareza
CHAKRAS: do Coração
INDICAÇÃO DO TEMPO: Touro, Libra
CAMINHO DA ALMA: irradiar amor incondicional

16. ÁGUA-MARINHA *esperança*

A Água-Marinha há muito tempo é uma gema de cura associada ao mar e também ao desenvolvimento das capacidades psíquicas. Acreditava-se que essa pedra protegia contra a sedução.

16. ÁGUA-MARINHA

Autoconhecimento: Você é profundamente intuitivo, mas precisa avaliar isso de modo realista. Não se deixe levar por imaginações vívidas, pensamentos ilusórios ou papo-furado espiritualista. Use sua imaginação para criar o que é para o seu bem maior, e o seu bem-estar será mera consequência. Se cair na depressão, lembre-se de que a esperança brilha nos lugares mais sombrios.

Adivinhação: Liberte-se de programações derrotistas. Ouça sua orientação interior, mas seja objetivo. Aceite o que está sendo oferecido. Cuidado com fofocas em momentos de ociosidade. Amarre as pontas soltas antes de seguir em frente. Procure manter o desapego emocional. Evite a procrastinação. O sucesso é possível num caso judicial. Mantenha uma atitude positiva e lembre-se da sua família.

***Insight* de cura:** Não há motivo para perder as esperanças do seu coração, visto que o bem-estar é um estado mental.

FREQUÊNCIA: alta
CHAKRAS: da Garganta, do Terceiro Olho; faz com que todos entrem em sintonia
INDICAÇÃO DO TEMPO: Áries, Gêmeos, Escorpião, Peixes
CAMINHO DA ALMA: ver além da realidade consensual ou da ilusão

17. AMETISTA *paz interior*

Um poderoso mineral protetor, purificador e tranquilizante natural, a Ametista acalma a mente e equilibra extremos.

Autoconhecimento: Você tem uma personalidade propensa à dependência. Faça um esforço concentrado para superar esse comportamento ou obsessões de qualquer tipo e evite os excessos. Equilibre trabalho e lazer; você tem propensão para se exceder em ambos. Compreender as causas ocultas de ações compulsivas traz paz. Entregue sua vontade à sua alma e permita que sua espiritualidade se desenvolva.

Adivinhação: Liberte-se do vitimismo. Não dependa dos outros. Você cria qualquer coisa na qual concentra sua atenção. Seja astuto nos negócios. Preste atenção à sua família. Um veredicto justo e sucesso num caso judicial são possíveis. Mantenha sua integridade e deixe o universo decidir o que é melhor.

***Insight* de cura:** Abrir mão dos desejos ardentes leva à liberdade interior e cria bem-estar.

FREQUÊNCIA: alta a excepcionalmente alta
CHAKRAS: do Terceiro Olho, da Coroa
INDICAÇÃO DO TEMPO: Aquário, Peixes
CAMINHO DA ALMA: desenvolver uma paz interior inabalável

18. CITRINO *abundância*

Uma pedra de alegria e abundância, o Citrino ajuda você a interagir de forma criativa com o mundo. Promove a calma interior.

Autoconhecimento: Você passa muito tempo se preocupando com a casa, a família e o dinheiro. Lembre-se, você é um ser abundante que manifesta o que precisa. Você é uma criança sábia e inocente que anseia brincar. Um espírito alegre cria um mundo maravilhoso. Seja grato, pois você é abençoado. Aceite críticas construtivas. Equilibre suas emoções, deixando os sentimentos fluírem naturalmente.

Adivinhação: Reserve um tempo para brincar e ter momentos de prazer. O respeito por si cura uma criança ferida. A abundância está ao seu redor. Você atrai sucesso e prosperidade. Pare de se preocupar, seja otimista e deixe que a vida aconteça. Confie em sua intuição e percepção. Consulte a criança sábia dentro de você. Se houver discórdia na família, a harmonia pode ser restaurada com elogios.

***Insight* de cura:** A verdadeira abundância vem de dentro. Se você nutrir seus sonhos, trará alegria à sua criança interior.

FREQUÊNCIA: alta
CHAKRAS: limpa, ativa e revitaliza todos
INDICAÇÃO DO TEMPO: Áries, Gêmeos, Leão, Libra
CAMINHO DA ALMA: incorporar a abundância

19. APATITA *aceitação*

A apatita atua na interface entre a consciência e a matéria, para que você consiga deixar para trás o que já se desgastou na sua vida.

Autoconhecimento: Afaste a confusão ou a culpa. Aceite a verdade sobre si mesmo. Você é um ser complexo, com créditos e débitos. Reconheça isso sem julgamentos. Evite o distanciamento ou a alienação social e mostre aos outros quem você realmente é. Use sua perspicácia. Você tem muito a oferecer em termos de serviço, acessando sua intuição para o bem coletivo.

Adivinhação: Inspire-se. Encontre sua verdade interior. Reconheça o que é real em seu mundo e reestruture sua realidade. Não se deixe enganar por fachadas falsas; veja o que está por trás. Desenvolva seu sexto sentido. As coisas melhoram aos poucos. Entenda que as circunstâncias são apenas oportunidades de aprendizado. É hora de servir aos outros. Ensine o que você sabe.

***Insight* de cura:** Sua intuição sabe o que é melhor para você.

FREQUÊNCIA: alta
CHAKRAS: do Terceiro Olho, da Base
INDICAÇÃO DO TEMPO: Gêmeos
CAMINHO DA ALMA: discernir a verdade interior

20. LABRADORITA *o olho da mente*

A Labradorita eleva sua consciência para que você possa se conectar a dimensões espirituais e às mais elevadas energias protetoras. Ela reforça sua fé em si mesmo e facilita a orientação interior.

Autoconhecimento: Você é um ser intuitivo com o dom da previsão. Mantenha os pés no chão. O véu entre os mundos é tênue. Você poderia facilmente se confundir com devaneios. Busque *insights* claros. Mantenha o bom senso – ele é seu instrumento mais eficaz para avaliar intuições e agir naquelas que são válidas.

Adivinhação: Cuidado com os vampiros psíquicos. Certifique-se de que sua aura não tem "furos" por onde sua energia escoe. Você enfrenta um contratempo temporário, mas uma reviravolta repentina na sorte é possível. Tenha cuidado com o que deseja, pois isso pode se tornar realidade. Eleve sua consciência aos níveis mais altos. A labradorita indica um amor cheio de caprichos.

***Insight* de cura:** Dar sua energia aos outros é prejudicial para a sua saúde. Estabelecer uma interação saudável com o mundo exterior protegerá seu bem-estar.

FREQUÊNCIA: alta
CHAKRAS: do Terceiro Olho, da Coroa
INDICAÇÃO DO TEMPO: Leão, Escorpião, Sagitário
CAMINHO DA ALMA: abrir o olho interior

VIBRAÇÕES MULTIDIMENSIONAIS:

VIBRAÇÃO CÓSMICA

A Vibração Cósmica opera em ressonâncias excepcionalmente altas, muito além da fisicalidade da Terra. Essas são as dimensões mais elevadas de todas: o reino dos seres estelares, dos espíritos e da consciência da unidade. Essas vibrações auxiliam no bem-estar espiritual canalizando uma consciência superior para a Terra. Seus efeitos filtram-se para o plano físico.

CARTAS DE VIBRAÇÃO CÓSMICA

Os cristais cósmicos, de vibração excepcionalmente alta, operam no nível do espírito e da alma. Muitos se conectam a seres estelares que desejam atuar como mentores para a humanidade. Os cristais cósmicos levam você à consciência de unidade e ao amor universal, derramando sabedoria em seu coração e permitindo que acesse o plano da sua alma. Eles ajudam você a estar em várias dimensões ao mesmo tempo. A maioria dos cristais de Vibração Cósmica carrega altas concentrações de ondas bioscalares.

Com suas vibrações excepcionalmente altas, os cristais cósmicos abrem o Chakra da Coroa Superior, levando-o até as multidimensões que nos cercam. Eles ativam também a Estrela da Alma e o Portal Estelar, portais para uma consciência superior, e o Chakra Alta-Maior, dentro do crânio. O Alta-Maior é a âncora para a estrutura de energia multidimensional conhecida como corpo de luz, e a abertura desse chakra ativa a visão metafísica e a percepção intuitiva, permitindo que vejamos o quadro completo. Ele também guarda seu passado ancestral e padrões arraigados que regem sua vida. O Alta-Maior contém seu karma de vidas passadas e acordos contratuais que fez antes de encarnar nesta vida – e o plano da sua alma. Ele é impresso com “códigos divinos” que facilitam a manifestação plena do amor divino e da evolução cósmica aqui na Terra. Os cristais cósmicos ativam esses códigos.

Para conhecer as afinidades terapêuticas desse naipe, consulte a pp. 30-31.

21. SELENITA *luz divina*

No mundo antigo, a Selenita protegia contra os devaneios da mente. Ela invoca clareza mental e inspiração divina.

Autoconhecimento: A espiritualidade é vital para você. Você é uma alma translúcida que transita de modo fluido pelo tempo – use seus *insights* com sabedoria. Evite confundir o passado com o presente. Você enxerga as motivações que as pessoas abrigam no coração. Não se deixe manipular nem viva ansioso para agradar. Mantenha-se firme no que você sabe. Você tem o dom da clareza e da flexibilidade mental, e também o poder de tomar decisões excelentes.

Adivinhação: Uma situação é imprevisível, não importa quão sólida pareça. Esteja preparado para desafios e mudanças. Afaste a confusão. É preciso ter clareza. Deixe que a luz divina inspire o futuro. Liberte alguém muito caro ao seu coração e deixe essa pessoa ir embora – quando existe amor, não existe separação. A reconciliação é possível: dê o primeiro passo. Conversas ouvidas ao acaso podem trazer clareza.

***Insight* de cura:** Viver no fluxo fortalece seu bem-estar.

FREQUÊNCIA: excepcionalmente alta
CHAKRAS: da Coroa Superior, da Estrela da Alma e do Portal Estelar
INDICAÇÃO DO TEMPO: Touro, Câncer
CAMINHO DA ALMA: iluminar a Terra com luz divina

22. MAIANITA ARCO-ÍRIS *a ponte do arco-íris*

A iridescente Maianita Arco-íris conecta este mundo com o restante da criação. Ela cura incondicionalmente e auxilia a transição para um novo nível de consciência.

22. MAIANITA ARCO-ÍRIS

Autoconhecimento: Reconheça que sua alma está conduzindo você na direção do seu verdadeiro caminho. Situações aparentemente prejudiciais oferecem dádivas à sua alma. Reexamine projetos e deixe de lado aqueles que não são para o seu bem maior ou o dos outros. Você vê as coisas de ambos os lados. Fale sempre a verdade, não importa quanto isso lhe custe, mas tenha tato. Você tem uma capacidade natural para a cura; direcione-a com sabedoria.

Adivinhação: Uma situação é imprevisível, não importa quão sólida pareça. Esteja preparado para desafios e mudanças. Afaste a confusão. É preciso ter clareza. Deixe que a luz divina inspire o futuro. Liberte alguém muito caro ao seu coração e deixe essa pessoa ir embora – quando existe amor, não existe separação. A reconciliação é possível: dê o primeiro passo. Conversas ouvidas ao acaso podem trazer clareza.

***Insight* de cura:** O desapego sintoniza você com um reino de possibilidades infinitas.

FREQUÊNCIA: extremamente alta
CHAKRAS: Estrela da Alma e Portal Estelar; recalibra todos para que funcionem de modo ideal
INDICAÇÃO DO TEMPO: Aquário
CAMINHO DA ALMA: ser uma ponte do arco-íris entre os mundos

23. QUARTZO TRIGÔNICO

Os Trigônicos guardam os segredos do universo e expandem com rapidez sua consciência das multidimensões. Esses cristais são codificações cósmicas para a alma.

Autoconhecimento: Você é um espírito eterno numa jornada humana. Como resultado, pode sentir que a Terra não é seu verdadeiro lar, mas lembre-se de que você está aqui por um propósito. Expanda sua consciência, reestruturando seus corpos físico e sutil, suas crenças e suas realidades. Faça com que sua alma encarne plenamente na Terra caso perceba um sentimento de alienação. A meditação desencadeia o potencial e o propósito total da sua alma. Ao reintegrar fragmentos da sua alma, você promove a completude.

Adivinhação: Reconheça a amplitude multidimensional da sua própria alma. Mantenha a honestidade para alcançar o sucesso. Vá além da realidade aparente e do karma para libertar-se de conflitos. Renegocie contratos anímicos; cure traumas do passado e o esquema etérico da alma. Expulse toxinas dos corpos físico e sutil para atrair energias espirituais de frequência mais alta e integrar o corpo de luz.

***Insight* de cura:** Sua alma lhe oferece tudo o que você precisa para o seu bem-estar.

FREQUÊNCIA: extremamente alta
CHAKRAS: do Soma (meio da testa), Alta-Major, da Estrela da Alma e do Portal Estelar
INDICAÇÃO DO TEMPO: Aquário, Peixes
CAMINHO DA ALMA: evolua para dimensões mais elevadas

24. AURALITA 23 *o conector da alma*

O Auralita 23 tem um efeito sedativo sobre a mente, acalmando-a para que ocorra uma cura profunda e uma conexão consciente com sua alma, com a mente universal e com dimensões superiores.

Autoconhecimento: Você é uma alma multicamadas num curso de crescimento espiritual acelerado. Você veio à Terra para compartilhar seu conhecimento. Você tem a capacidade de transitar entre diferentes dimensões para ancorar novas vibrações no plano terreno. A lentidão e a aparente impossibilidade dessa tarefa lhe trouxeram desilusão e descontentamento, mas não se desespere. Eleve sua própria consciência e outros o seguirão.

Adivinhação: Reconheça que você é uma parte integrante da humanidade. Centralize-se na paz interior e conecte-se à sua mente superior antes de tomar uma decisão. Contatos benéficos vêm por meio de amigos e familiares. Agora, o que importa não é tanto o que você sabe, mas com quem pode contar, e isso inclui seres superiores.

***Insight* de cura:** Sua alma lhe oferece tudo o que você precisa para o seu bem-estar.

FREQUÊNCIA: excepcionalmente alta
CHAKRAS: da Estrela da Alma e do Portal Estelar; purifica e sintoniza todos
INDICAÇÃO DO TEMPO: Aquário
CAMINHO DA ALMA: reconectar o ego com a alma e a consciência superior

25. ANANDALITA *consciência cósmica*

A Anandalita facilita uma integração suave e libera bloqueios emocionais que estão no caminho do despertar espiritual. Ela nos lembra de que a consciência é onisciente e onipresente: vendo tudo, sabendo de tudo. Mergulhe na interconexão mística que é a consciência cósmica.

Autoconhecimento: Você tem o potencial de viver numa dimensão completamente diferente de consciência. Reconheça que anteriormente você operava dentro de uma faixa estreita de percepção. Ajuste-se aos lampejos de luz divina dentro da sua alma. Deixe os sentimentos de separação se dissiparem. Abra-se para a unidade.

Adivinhação: Você está aqui para experimentar a consciência cósmica. Transforme seus objetivos e busque uma nova direção. Você tem uma visão excepcionalmente clara agora. Mesmo que esteja despojado até os ossos, não se desespere à medida que o obsoleto se desvanece – uma nova luz está sendo infundida. Ao transformar sua consciência, a humanidade vivencia uma mudança quântica.

***Insight* de cura:** A iluminação pode acontecer agora mesmo. Você faz parte de tudo e tudo faz parte de você.

FREQUÊNCIA: excepcionalmente alta
CHAKRAS: da Estrela da Alma e do Portal Estelar; purifica e ativa todos
INDICAÇÃO DO TEMPO: momento presente
CAMINHO DA ALMA: tornar-se um receptáculo para a consciência cósmica

26. AZEZTULITA *evolução cósmica*

A Azeztulita está impregnada com uma imensa energia espiritual e informações para orientação e *insight*. Essa pedra está aqui para auxiliar a Terra a ascender a uma expressão superior de consciência.

Autoconhecimento: Você é um ser de luz encarnado para ajudar a Terra a evoluir. Embora precise transcender preocupações mundanas, mantenha os pés no chão e viva o seu cotidiano. Dar ênfase excessiva à doçura e à luz leva você a ignorar suas energias sombrias, que se tornam inconscientes – e prejudiciais – se não forem reconhecidas e integradas. Seja quem você realmente é, deixe seu ego em segundo plano.

Adivinhação: Você está neste plano para representar a luz espiritual na Terra e ajudá-la a evoluir. Faça-se ouvir. Um projeto será bem-sucedido, apesar dos obstáculos. Evite tornar-se pouco prático e ter uma opinião muito elevada de si mesmo em detrimento dos outros. Conserve a humildade.

***Insight* de cura:** Reconhecer que cada alma é preciosa assegura que você permaneça em harmonia cósmica.

FREQUÊNCIA: excepcionalmente alta
CHAKRAS: Todos; da Coroa Superior
INDICAÇÃO DO TEMPO: a cada momento
CAMINHO DA ALMA: auxiliar a Terra a evoluir

27. AGENTE DE CURA DOURADO *cura suprema*

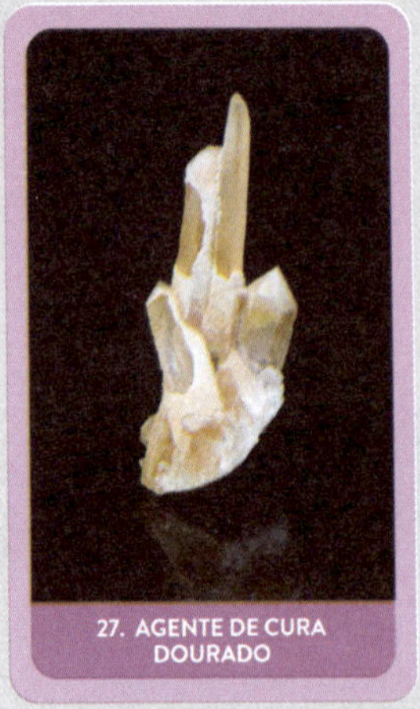

O Agente de Cura Dourado está impregnado com energias poderosas e transformadoras de cura. Essa pedra é um catalisador para uma ativação espiritual profunda.

Autoconhecimento: A compreensão do mundo quântico ajuda você a compreender a si mesmo. O eu cotidiano é limitado pelos cinco sentidos, expandidos por um sexto, o extrafísico. Mas esse eu pode ser transcendido para que você entre num campo que é não local; ele está em todos os lugares e em nenhum lugar ao mesmo tempo, e ali não há tempo. Você cria o fenômeno que está sendo observado. Deixe que a sua alma, em vez do seu ego, seja seu guia.

Adivinhação: Reconheça seu potencial para ser um agente de cura espetacular. Suas habilidades precisam ser aprimoradas, e aqueles que curam são profundamente aperfeiçoados espiritualmente para desenvolver empatia. Muito em sua vida precisa se transformar – entregue-se de bom grado ao processo. Alguém que se agarra ao passado está impedindo você de avançar. Incentive essa pessoa a se desapegar de você. Podem solicitar que você transforme seu ambiente ou assuma uma tarefa desafiadora. Faça isso com elegância e versatilidade.

***Insight* de cura:** A cura flui através de você; ela é um processo, não algo que você faça.

FREQUÊNCIA: excepcionalmente alta
CHAKRAS: da Estrela da Alma e do Portal Estelar; sintoniza e purifica todos
INDICAÇÃO DO TEMPO: a cada momento
CAMINHO DA ALMA: um canal para a Consciência Crística

28. QUARTZO ENFUMAÇADO ELESTIAL *magia transmutacional*

Uma pedra para a cura kármica, o Quartzo Enfumaçado Elestial se abre para diferentes dimensões e propicia uma transmutação poderosa.

28. QUARTZO ENFUMAÇADO ELESTIAL

Autoconhecimento: Você possui um instinto de sobrevivência poderoso e a capacidade de ir aonde outros não ousam. Transmute o passado, perceba que a escuridão não é maligna. O enfrentamento dos seus medos mais profundos os transforma em dádivas preciosas. Você sabe que a morte é apenas uma passagem para outro estado de ser. Assuma a responsabilidade por sua vida. Não deixe que outras pessoas assumam o controle.

Adivinhação: Seja paciente. Há muita agitação sob uma superfície tranquila. A transformação total está próxima. Isso pode envolver uma viagem ao Mundo Subterrâneo. Sua Sombra se torna seu presente mais brilhante. Emoções tóxicas se transformam consideração positiva. Ancore seus esforços no cotidiano, mas mantenha contato com planos superiores. O sucesso vem através da dedicação e da confiança em suas habilidades. Mentores estão acessíveis. Liberte-se de antigos encantamentos.

***Insight* de cura:** Nenhuma parte de você é ruim ou nociva. Abraçar sua Sombra leva à cura oculta nas regiões mais remotas de si mesmo.

FREQUÊNCIA: excepcionalmente alta
CHAKRAS: da Estrela da Terra, da Base, do Sacro, da Estrela da Alma e do Portal Estelar
INDICAÇÃO DO TEMPO: Escorpião, Capricórnio
CAMINHO DA ALMA: transmutação total

29. QUARTZO NIRVANA *Iluminação*

O Quartzo Nirvana ajuda você a sair da roda kármica, trazendo luz e uma consciência de bem-aventurança.

Autoconhecimento: Por muitas vidas, você tem expurgado seu karma; isso agora acabou. Não há mais necessidade de reparação, punição ou culpa. Deixe isso para trás, reconheça seu potencial completo e receba uma infusão de luz cósmica que transformará seu ser.

Adivinhação: Saia da roda kármica e deixe que o karma da graça se manifeste. Abra-se para receber a iluminação. Reconheça isso como um recomeço e uma energia renovada. Se você está passando por momentos traumáticos e desafios espirituais, relaxe e aguarde a resolução. Não nade contra a corrente, siga o fluxo.

***Insight* de cura:** O karma é criado a todo momento pelos seus pensamentos pelas suas atitudes. Pensamentos elevados e ações positivas garantem seu bem-estar futuro.

FREQUÊNCIA: excepcionalmente alta
CHAKRAS: da Coroa Superior
INDICAÇÃO DO TEMPO: Peixes
CAMINHO DA ALMA: incorporar a iluminação na Terra

30. AJOÍTA *compaixão*

A Ajoíta traz uma revelação espiritual profunda. Cicatrizando feridas kármicas, esse cristal reformula a memória celular e contratos de vidas passadas.

Autoconhecimento: Você é um ser de amor infinito e compaixão. Encontre seu núcleo de paz suprema e amor universal. Libere suas emoções tóxicas, substituindo-as por perdão, compaixão e serenidade. O que você passou permite que você entenda a dor que assola o caminho do outro. Não absorva a dor alheia; permaneça impassível. Afaste-se com delicadeza e siga em frente.

Adivinhação: Liberte-se dos seus fardos, sabendo que você é um ser de luz. Resolva conflitos e perdoe aqueles que o magoaram. Dê a alguém uma segunda chance. Honre suas promessas. Encontre a melhor solução para todos. Deixe sua compaixão imparcial abranger tudo. Trabalhos de caridade ou voluntariado são indicados.

***Insight* de cura:** A sua imersão no amor divino leva à saúde e à felicidade.

FREQUÊNCIA: excepcionalmente alta
CHAKRAS: do Terceiro olho, da Coroa, do Coração, da Garganta, da Estrela da Alma
INDICAÇÃO DO TEMPO: Virgem, Aquário
CAMINHO DA ALMA: manter um coração aberto e compassivo

VIBRAÇÕES MULTIDIMENSIONAIS:

VIBRAÇÃO INTEGRATIVA

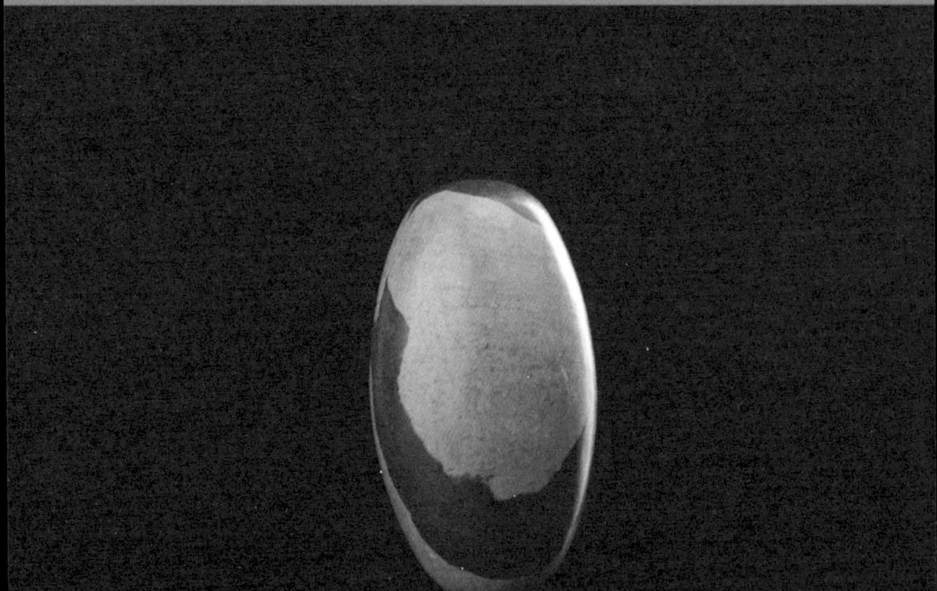

As dimensões "espirituais" e "mundanas" vão da mais sutil à mais densa. Os cristais integrativos combinam vibrações terrenas com vibrações superiores, conectando as frequências da Terra com as dimensões cósmicas para integrar dualidades, infundir consciência superior e garantir o bem-estar em todos os níveis.

CARTAS DE VIBRAÇÃO INTEGRATIVA

Os cristais integrativos são "pontes" que trazem a sabedoria do divino para a Terra, mas também manifestam sabedoria em qualquer dimensão que for apropriada. Eles ajudam a elevar sua consciência, acessar a consciência de dimensões superiores e ancorá-la aqui na Terra. Cristais integrativos preparam o corpo de luz, uma codificação vibracional sutil que, basicamente, cria um corpo físico menos denso, para um influxo de luz espiritual que o leva a uma frequência mais elevada. Esses cristais auxiliam na manifestação, elevando as vibrações mais densas e moldando a matéria sutil para que algo novo seja criado.

Os cristais integrativos unificam os chakras superiores, acima do Chakra da Coroa, com o da Estrela da Terra, ancorando uma energia mais sutil e orientação espiritual por todo o sistema de chakras. Eles ativam o Chakra do Soma, no meio da linha do cabelo. Esse é o ponto em que corpos sutis, incluindo o corpo de luz, se conectam ao corpo físico. O Chakra do Soma também se conecta ao esquema perfeito para sua alma.

Para conhecer as afinidades terapêuticas desse naipe, consulte as páginas 31-33.

31. JASPE POLICROMO *pertencimento*

O Jaspe Policromo é uma pedra xamânica que auxilia na viagem entre os mundos, oferecendo proteção durante suas jornadas. Ele o ajuda a lembrar por que você está vivendo na Terra.

31. JASPE POLICROMO

Autoconhecimento: Você pertence a um grupo maior, seja uma família, seja um clã espiritual. Se você se sente isolado, conecte-se aos outros com sua força, em vez da sua carência. Essa pedra oferece segurança. Para ter companheirismo, escolha um aliado animal. Ancore seus esforços no mundo prático e cotidiano. Você tem o dom da mediação e vê todos os lados de uma questão.

Adivinhação: Grandes mudanças estão a caminho. Concentre-se em resultados práticos. Mantenha os pés no chão, mas preste atenção aos seus sonhos. Equilibre suas energias emocionais e cuide de si mesmo para encontrar alegria. Encontre seu aliado de poder e permaneça sob sua proteção e orientação. Ofereça assistência a outros que buscam liberdade. Cuidado para não ceder seu poder ao outro.

***Insight* de cura:** A indisposição surge de tensões ancestrais transmitidas pelo DNA. Cura e perdão enviados pela sua linhagem familiar substituem essa indisposição pelo bem-estar.

FREQUÊNCIA: terrena
CHAKRAS: Esplênico (sob a axila esquerda), da Estrela da Terra e do Soma (meio da linha do cabelo)
INDICAÇÃO DO TEMPO: Leão, Libra, Aquário
CAMINHO DA ALMA: promover a integração e a reconexão

32. LINGAM DE SHIVA *união alquímica*

O Lingam de Shiva incorpora a sabedoria das divindades trazida para a Terra. Ele simboliza a união de dualidades e a manifestação da força criativa.

Autoconhecimento: Seja compassivo consigo mesmo para se curar. Você tem aspectos masculinos e femininos, e outras dualidades dentro do seu ser. Integre esses aspectos para liberar seu poder criativo. O Lingam de Shiva é formado por águas revoltas. A vida molda você da mesma maneira, então siga com o fluxo. A busca da alma revela seu núcleo divino. Se você foi ferido ou sofreu abuso, seja compassivo consigo mesmo para propiciar a cura em todos os níveis.

Adivinhação: Retorne ao básico e traga a paixão de volta para a sua vida. Honre seu desejo sexual e sua chama criativa. Crie equilíbrio. Espere por um novo relacionamento ou revitalize um antigo. Pratique a magia sexual. Corte laços quando apropriado. Lembre-se, você cria através do poder do pensamento. Tudo passa. Em tempos tumultuados, surgem benefícios inesperados.

***Insight* de cura:** Uma relação verdadeira transcende a experiência terrena. Ela está enraizada numa união de almas e no amor incondicional.

FREQUÊNCIA: terrena e elevada
CHAKRAS: da Base, do Sacro e da Coroa Superior; ativa a ascensão da energia kundalini
INDICAÇÃO DO TEMPO: Escorpião
CAMINHO DA ALMA: promover a união tântrica de opostos

33. BLUESTONE DE PRESELI *a bússola interior*

33. BLUESTONE DE PRESELI

A Bluestone de Preseli semeou energias de cura provenientes da terra dos ancestrais numa paisagem sagrada de cura. Essa pedra acessa o passado, o presente e o futuro.

Autoconhecimento: Você é um xamã antigo que tem muita sabedoria para transmitir e a capacidade de viajar por múltiplas dimensões em busca de cura. Você tem uma estabilidade inabalável e uma bússola interior que o orienta com integridade.

Adivinhação: Use a medicina natural para curar doenças. Preste atenção aos seus limites. Investigue o passado, acesse suas memórias e liberte-se. Examine suas intenções mais profundas e suas raízes. Viva o momento presente. Encontre sua própria direção e enfrente desafios com equanimidade. Você tem o poder de decidir. Preste atenção especial no seu ambiente.

***Insight* de cura:** Ser verdadeiro consigo mesmo é a base de todo bem-estar, espiritual e físico.

FREQUÊNCIA: terrena e elevada
CHAKRAS: da Estrela da Terra e do Soma (meio da linha do cabelo)
INDICAÇÃO DO TEMPO: Touro, Sagitário, Capricórnio
CAMINHO DA ALMA: desenvolver uma bússola espiritual

34. MOLDAVITA *metamorfose*

A Moldavita foi criada quando um gigantesco meteorito colidiu com a Terra há cerca de 11 milhões de anos, fundindo o poder do cosmos com o da Mãe Terra.

Autoconhecimento: Você é um filho ou uma filha das estrelas e percebe que o ambiente da Terra é denso e inerte. A Moldavita eleva suas vibrações com a inundação de luz cósmica, para que você se sinta mais em casa. Você está em busca do seu Graal interior: a consciência das suas origens divinas. Liberte-se de crenças arraigadas para possibilitar uma metamorfose espiritual.

Adivinhação: Desapegue-se de questões mundanas. Você está passando por uma transformação espiritual, por isso mudanças dramáticas ocorrem quando você vai além dos seus limites. Converse com sua alma para verificar o resultado das ações presentes. Transcenda o tempo. Evite plantar sementes de destruição. Fertilidade e sorte o aguardam.

***Insight* de cura:** Você é muito mais do que um corpo físico. A harmonia em todos os níveis do ser promove seu bem-estar.

FREQUÊNCIA: terrena e elevada
CHAKRAS: todos até o superior
INDICAÇÃO DO TEMPO: Escorpião
CAMINHO DA ALMA: integrar o físico e o espiritual

35. ALMA GÊMEA *a chama gêmea*

Dois cristais unidos evocam uma chama gêmea, ou seja, um complemento para a sua alma. A chama gêmea é, na verdade, o que as pessoas querem dizer quando se referem a uma alma gêmea. A chama gêmea une duas pessoas num relacionamento íntimo ou as conecta com a parte superior de suas almas.

Autoconhecimento: Você anseia ser amado, mas isso é porque tem um vazio que precisa preencher? Esses vazios emocionais só podem ser preenchidos por você mesmo, amando-se plenamente e integrando diferentes facetas do seu ser. Encontrar uma alma gêmea significa abraçar uma intimidade profunda e a interdependência entre você e outra pessoa nos níveis espiritual e físico.

Adivinhação: Talvez seja preciso curar mágoas antigas, cortar laços com um companheiro do passado ou refazer votos de outras vidas. Prepare-se para ter um amor mais livre, íntimo e incondicional. Decida se você quer uma alma gêmea, com as lições anímicas que isso implica, ou uma chama gêmea, uma companhia para o seu coração.

***Insight* de cura:** Você não precisa de mais ninguém para se sentir completo. A chama gêmea complementa a sua totalidade.

FREQUÊNCIA: terrena ou elevada, dependendo do cristal
CHAKRAS: da Estrela da Terra, do Coração, da Estrela da Alma e do Portal Estelar
INDICAÇÃO DO TEMPO: a qualquer momento
CAMINHO DA ALMA: desenvolver uma união incondicional e mutuamente solidária

36. GRANITO ROSA *o raio*

O Granito Rosa tem a ressonância paramagnética mais elevada de todas as pedras e gera uma energia intensa.

Autoconhecimento: Você é um antigo egípcio com o conhecimento arcano que esse papel implica, mas sua origem é estelar. Você compreende os ciclos de nascimento, morte e renascimento, e a imortalidade. Você esteve envolvido em antigas lutas de poder. Liberte-se. Viva mais ancorado. Experiências de aprendizado ocorrem regularmente, e felizes sincronicidades o colocam no lugar certo, na hora certa.

Adivinhação: Seja assertivo e faça as coisas acontecerem. Os acontecimentos se sucedem com surpreendente rapidez quando você concentra sua intenção. Veja o quadro completo antes de tomar uma decisão. Seja pragmático, mas não entregue o seu poder a ninguém. Mantenha o equilíbrio num relacionamento. Você precisa de diplomacia e tato. Um raio pode cair, sim, no mesmo lugar duas vezes! Se estiver procurando sanar conflitos antigos, olhe o quadro maior.

***Insight* de cura:** Tudo passa. A morte precede a transformação e o renascimento.

FREQUÊNCIA: terrena e elevada
CHAKRAS: todos
INDICAÇÃO DO TEMPO: inesperado
CAMINHO DA ALMA: ser um para-raios para mudanças positivas

37. ARAGONITA LAVANDA *cura ambiental*

A Aragonita Lavanda cura seu ambiente pessoal e a grade de meridianos da Terra, elevando as vibrações do planeta.

Autoconhecimento: Torne-se um veículo para a cura do ambiente abrindo-se para energias vibracionais mais elevadas. Não participe de nada que prejudique o planeta ou diminua seus recursos. Trabalhe com seu animal de poder e nutra seu ser interior. Não assuma riscos e evite excessos.

Adivinhação: Talvez seja preciso curar mágoas antigas, cortar laços com um companheiro do passado ou refazer votos de outras vidas. Prepare-se para ter um amor mais livre, íntimo e incondicional. Decida se você quer uma alma gêmea, com as lições anímicas que isso implica, ou uma chama gêmea, uma companhia para o seu coração.

***Insight* de cura:** Se seu ambiente estiver doente e desarmonioso, ele não pode promover seu bem-estar. Transforme-o e você voltará a se sentir bem.

FREQUÊNCIA: elevada
CHAKRAS: sintoniza os chakras da Estrela da Terra, da Base e do Terceiro Olho, da Estrela da Alma e do Portal Estelar
INDICAÇÃO DO TEMPO: Touro, Virgem, Capricórnio, Aquário
CAMINHO DA ALMA: curar o ambiente

38. AMETISTA BRANDENBERG *o esquema perfeito*

38. AMETISTA BRANDENBERG

Um mineral mestre de cura, a Ametista Brandenberg detém o esquema perfeito da sua alma e de Tudo o Que É. Ela cura camadas áuricas físicas, mentais, emocionais, espirituais, kármicas, planetárias e ancestrais, e imprime o padrão energético mais perfeito possível.

Autoconhecimento: Você é um ser de pura consciência e é maravilhoso exatamente como é. Abra-se para a luz do seu ser central. Liberte-se das construções mentais, das impressões kármicas, dos imperativos da alma e dos relacionamentos que não servem mais. Cure o passado. Reformule escolhas anteriores que você fez na vida e siga um novo caminho para cumprir seu propósito anímico e expandir as dimensões mais elevadas da sua alma.

Adivinhação: Você é perfeito exatamente como é neste momento. Siga o caminho da sua alma e semeie seu futuro com potencial. A autodisciplina e um foco bem definido fazem com que seus sonhos se realizem. Busque o mais elevado.

***Insight* de cura:** Você é perfeito exatamente como é.

FREQUÊNCIA: extremamente alta
CHAKRAS: todos, incluindo os superiores
INDICAÇÃO DO TEMPO: a qualquer momento
CAMINHO DA ALMA: enxergar a perfeição em cada momento

39. TURQUESA *riquezas verdadeiras*

Uma pedra à base de cobre que desde a Antiguidade é vista como um ímã para a sorte, a Turquesa era popular em amuletos de proteção. Sagrada para Hathor (Vênus) e para Buda, ela conectava a terra e o céu e também era um poderoso talismã de amor.

Autoconhecimento: Seu caminho é o da autorrealização. As qualidades que você cultiva agora impulsionam sua evolução espiritual. Conte com sua sabedoria kármica e com as habilidades que desenvolveu em vidas passadas. Liberte-se de votos que não lhe servem mais e verbalize o que costumava ser inexprimível.

Adivinhação: Cuide da sua saúde e evite ambientes poluídos. Sucesso e felicidade radiantes estão a caminho. A sorte está a seu favor. Você avança com confiança e os pés no chão, mas cuide da sua segurança pessoal e resolva os problemas sem demora. Bons amigos o acompanham. Você está sob os holofotes e outras pessoas contam com você.

***Insight* de cura:** Suas riquezas verdadeiras não estão no banco, mas em seu coração.

FREQUÊNCIA: média a alta
CHAKRAS: da Garganta, do Terceiro Olho
INDICAÇÃO DO TEMPO: Escorpião, Sagitário, Peixes
CAMINHO DA ALMA: sintonizar-se com suas riquezas interiores

40. MENALITA *a sabedoria feminina*

A Menalita tem uma conexão profunda com a Terra, com a sabedoria feminina e com o poder da sacerdotisa. Ela marca os ritos de passagem do feminino rumo à sabedoria.

Autoconhecimento: Você é uma alma imortal que incorpora a sabedoria feminina. Expresse isso por meio do seu corpo e das suas ações. Mergulhe no seu eu interior para encontrar sua conexão com a Mãe Terra. Aconchegue-se em seu útero de cura. Na meditação, você cura sua alma. Deixe de lado o medo e lembre-se de que as transições são pré-requisitos necessários para o crescimento.

Adivinhação: Honre sua sexualidade sagrada. Marque ritos de passagem com alegria. Vivencie um período de gestação. Mover-se não seria benéfico agora. Nutra-se e aguarde o momento certo. Retire-se para seu mundo interior e aceite a mudança necessária, devolva a plenitude à sua alma e encontre aliados poderosos. Você sabe quando é hora do renascimento.

***Insight* de cura:** A maturidade é um processo em que nos tornamos mais sábios; a alma e o coração não envelhecem.

FREQUÊNCIA: terrena e elevada
CHAKRAS: da Estrela da Terra, da Base e do Sacro
INDICAÇÃO DO TEMPO: Touro, Virgem, Capricórnio
CAMINHO DA ALMA: expressar o feminino divino

VIBRAÇÕES MULTIDIMENSIONAIS:

VIBRAÇÃO INTERATIVA

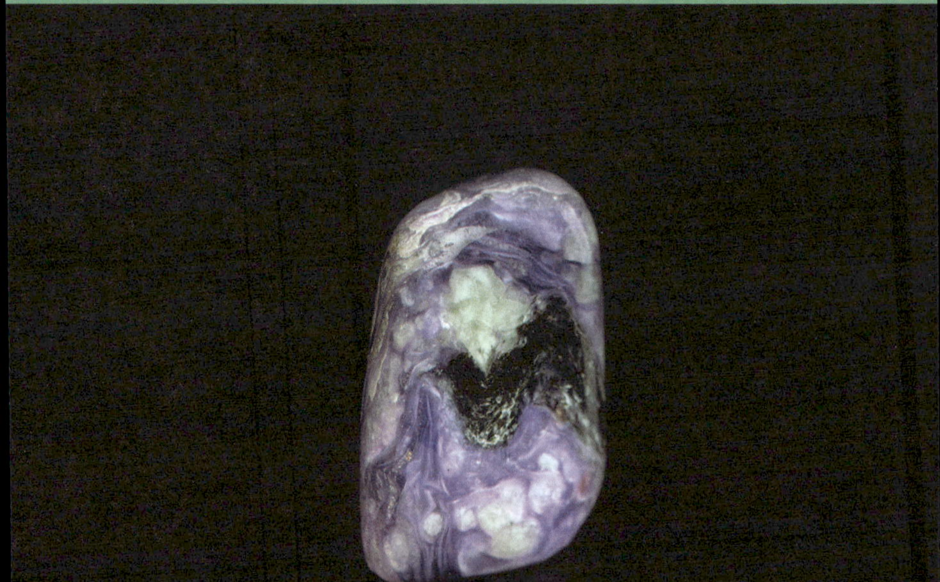

As cartas de Vibração Interativa abrangem uma variedade de vibrações que ajudam a conectar o corpo físico e os corpos energéticos sutis, integrando-os ao ambiente e às multidimensões que nos cercam, para promover o bem-estar em todos os níveis.

CARTAS DE VIBRAÇÃO INTERATIVA

Os cristais com uma vibração interativa são instrumentos energéticos dinâmicos para a transformação e o bem-estar. Eles se apropriam de sua energia, purificam-na e a reconstroem. Essas cartas funcionais combinam muito bem com as da Vibração Terapêutica. Elas são projetadas para servirem principalmente como ferramentas práticas de "aplicação", dispostas sobre os chakras ou órgãos, ou ao redor do corpo, para levar as energias de volta ao equilíbrio. As cartas de Vibração Interativa elevam a sua frequência energética e também proporcionam *insights* oraculares sobre as prováveis causas da sua indisposição. Como têm uma vibração quase perfeita, são capazes de sintonizar sua energia – ou seja, trazer qualquer estado de desordem de volta à ordem. Essas cartas ajudam você a reconhecer e transmutar desequilíbrios subjacentes que podem estar afetando seu bem-estar, oferecendo soluções de cura multidimensionais.

As cartas holísticas de Vibração Interativa ressoam com todos os chakras, embora várias tenham conexões com chakras específicos também. Elas harmonizam e equilibram esses centros de energia, conectando-os aos corpos de energia sutil que o cercam. As cartas de Vibração Interativa ajudam você a se purificar e se desintoxicar num nível energético ou físico, atraindo energias terrenas ou cósmicas conforme apropriado, e assimilar as novas frequências num corpo purificado e receptivo, melhorando seu bem-estar.

Para conhecer as afinidades terapêuticas desse naipe, consulte as páginas 32-33.

41. HALITA *o mestre purificador*

41. HALITA

A Halita extrai impurezas dos corpos físico, energético e espiritual. Ela dissipa padrões antigos, pensamentos negativos e emoções tóxicas, promovendo o bem-estar emocional. Também estimula os meridianos e ancora as propriedades de cura de outros cristais.

Autoconhecimento: Amarras energéticas e influências sutis podem estar afetando você mais do que imagina. Sentimentos não reconhecidos de abandono ou rejeição, ou carência emocional, podem estar na origem da indisposição. Energias deletérias captadas sob a influência do álcool ou de drogas podem estar prejudicando você... assim como os sentimentos lascivos ou invejosos de outra pessoa. Mas estar com a cabeça nas nuvens ou sem aterramento também o deixa vulnerável à invasão por forças externas.

Adivinhação: É hora de fazer uma limpeza completa na sua vida. Organize seu espaço, incluindo seu carro, desintoxique seu corpo e sua mente, e experimente fazer uma dieta composta de sucos que promovam a vitalidade.

***Insight* de cura:** A desintoxicação e a purificação regulares em todos os níveis garantem o bem-estar, assim como estar ancorado na Terra.

FREQUÊNCIA: terrena
CHAKRAS: da Base, do Sacro, do Plexo Solar e da Estrela da Terra
INDICAÇÃO DO TEMPO: primavera
CAMINHO DA ALMA: promover a purificação e o discernimento espiritual

42. JASPE KAMBABA *ecos ancestrais*

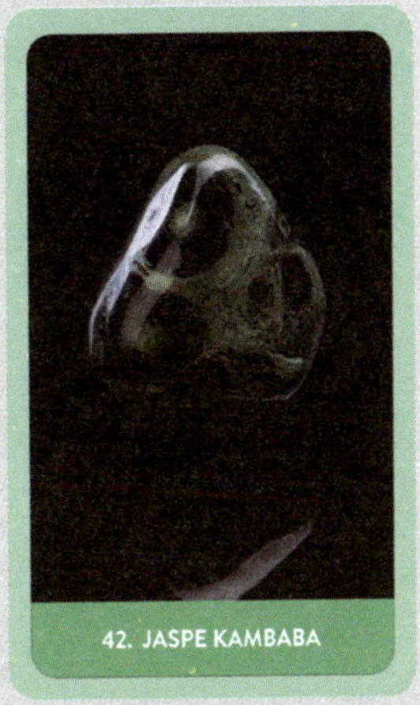

O Jaspe Kambaba sintoniza seus biorritmos pessoais aos ciclos naturais do planeta. Esse cristal também facilita a limpeza profunda do seu corpo kármico e da linhagem ancestral.

Autoconhecimento: Quando você vive na mente em vez de no mundo físico, sua estrutura celular se torna instável e seu metabolismo fica desequilibrado. Você pode não estar assimilando oxigênio ou nutrientes como minerais e vitaminas. Lembre-se de que as ideias também são nutrientes. A desregulação do seu sistema nervoso autônomo e do sistema imunológico pode ser causada por traumas antigos e dramas familiares.

Adivinhação: A decisão de entrar em contato com seus ancestrais e entender os processos de criação ajuda você a reconhecer o valor de reciclar o passado para criar um futuro mais promissor. Verifique o que foi transmitido pela sua linhagem ancestral e utilize a cura homeopática para sanar miasmas como a tuberculose.

***Insight* de cura:** Ao mudar a forma como vê as coisas, você melhora radicalmente o seu bem-estar.

FREQUÊNCIA: terrena
CHAKRAS: da Base, do Coração, Alta-Maior, do Vórtex Causal
INDICAÇÃO DO TEMPO: inverno
CAMINHO DA ALMA: reconectar-se à sabedoria antiga e às raízes do ser

43. RODOZITA *poder vigoroso*

A vibrante Rodozita é excelente para eliminar bloqueios e adicionar vitalidade ao corpo físico. Ela limpa, ativa e energiza todos os chakras e harmoniza os corpos etéricos. Esse cristal incentiva o fluxo da energia kundalini para todas as células e para os espaços entre elas.

Autoconhecimento: Impressões kármicas de vidas passadas ou feridas emocionais do início de sua vida atual podem estar criando um estado de indisposição psicossomática. Seus próprios padrões de pensamento negativos ou compulsivos também desempenham um papel decisivo, assim como os de outras pessoas, quando direcionados a você.

Adivinhação: Verifique a harmonia, ou a falta dela, em seu ambiente. Energias telúricas podem estar perturbando o seu bem-estar. O solo ao redor do seu local de trabalho e da sua casa podem precisar de cura e estabilização; enterre os cristais adequados na terra.

***Insight* de cura:** A vida num ambiente saudável e estável propicia um corpo físico estável.

FREQUÊNCIA: terrena e alta
CHAKRAS: da Estrela da Terra, do Plexo solar, do Vórtice Causal
INDICAÇÃO DO TEMPO: outono
CAMINHO DA ALMA: curar a Terra

44. PURPURITA *o antídoto para maldições*

Extremamente eficaz para a proteção psíquica e áurica, a Purpurita ancora energias de alta frequência, harmonizando o corpo físico com a nova vibração. Ajuda a romper com comportamentos autodestrutivos ou autolimitantes. Energizando os corpos físico e mental, combate o cansaço, a apatia e o desânimo.

Autoconhecimento: Hábitos e padrões obsoletos, inclusive os herdados dos ancestrais, podem mantê-lo preso ao passado. Energias sutis de antigas maldições ou do mau-olhado podem estar afetando você. Eles podem ser pessoais ou passados através da linhagem familiar. Você pode estar aberto à influência mental de outras pessoas.

Adivinhação: O passado cria o presente, mas o passado pode ser reparado e o presente, curado.

***Insight* de cura:** A vida num ambiente saudável e estável propicia um corpo físico estável.

FREQUÊNCIA: terrena
CHAKRAS: das Vidas Passadas, da Estrela da Alma, do Portal Estelar, da Base
INDICAÇÃO DO TEMPO: primavera
CAMINHO DA ALMA: romper com linhagens ancestrais

45. RODOCROSITA *a que restaura corações*

A Rodocrosita ensina o coração a processar sentimentos dolorosos sem se fechar. Dissipando a negação e identificando padrões prejudiciais persistentes, ela oferece amor compassivo e perdão. Você enfrenta a verdade com uma consciência amorosa.

Autoconhecimento: Lá no fundo, você se sente alienado, não amado ou pouco apreciado. Uma história de abuso sexual ou emocional cria indisposição. Ou você pode ter abusado ou temido seu poder sexual no passado. Você pode estar reprimindo algo que não quer enfrentar. Medos e paranoia irracionais, e emoções "inaceitáveis" precisam ser reconhecidos e transformados.

Adivinhação: Hora de mudar de perspectiva! Comece a buscar as dádivas em suas experiências em vez de ver apenas seus efeitos negativos. Verifique se o que lhe foi ensinado na infância ainda é relevante para a pessoa que você é hoje.

***Insight* de cura:** Libertar-se do ressentimento guardado no coração cria bem-estar.

FREQUÊNCIA: alta
CHAKRAS: do Coração, do Plexo Solar, da Base e do Sacro
INDICAÇÃO DO TEMPO: verão
CAMINHO DA ALMA: irradiar amor incondicional e compaixão abnegada

46. DIAMANTE DE HERKIMER *energia instantânea*

Geradores de energia poderosos que acessam e liberam informações de vidas passadas, os Diamantes de Herkimer são excelentes escudos contra o estresse geopático e os campos eletromagnéticos. Esse cristal atua além dos níveis físicos para trazer harmonia aos corpos energéticos e à alma.

46. DIAMANTE DE HERKIMER

Autoconhecimento: Anote minuciosamente detalhes dos seus sonhos, pois eles revelam as causas subjacentes da sua indisposição. Você pode ser muito sensível a frequências eletromagnéticas, à radioatividade e a energias deletérias da Terra. Você também pode ser sensitivo e precisar desbloquear seu Terceiro Olho.

Adivinhação: Verifique se você não está morando num lugar onde passa uma linha de energia negativa da Terra. Você pode estar viciado em seu *tablet* ou telefone celular, e captar vibrações prejudiciais dele. Proteja-se do modo mais apropriado.

***Insight* de cura:** A energia de alta vibração e alto impacto pode mudar radicalmente o seu mundo.

FREQUÊNCIA: extremamente alta
CHAKRAS: todos
INDICAÇÃO DO TEMPO: primavera
CAMINHO DA ALMA: ver a luz

47. ANCESTRALITA *os ancestrais*

A Ancestralita passou por uma modificação radical durante seu tempo na Terra. Essa pedra ajuda você a encontrar os tesouros escondidos em seu passado. Ela leva a cura à sua linhagem ancestral e transmite o aprendizado da alma para o futuro, mas sem fomentar o apego às experiências que o criaram.

47. ANCESTRALITA

Autoconhecimento: Qualquer indisposição que você tenha é antiga e foi transmitida pela sua linhagem ancestral. Ela se relaciona a atitudes predominantes e emoções proibidas que foram duramente reprimidas, assim como a traumas antigos e dramas familiares.

Adivinhação: Preste atenção aos seus sonhos. Segredos familiares vêm à tona. Uma reformulação radical é necessária em relação a tudo o que você pensa que acredita e se permite sentir.

***Insight* de cura:** "Os ancestrais" podem ser todos aqueles que vieram antes de você, não necessariamente da sua linhagem sanguínea. Cure-os e você se cura também.

FREQUÊNCIA: terrena
CHAKRAS: todos
INDICAÇÃO DO TEMPO: inverno
CAMINHO DA ALMA: manifestar as dádivas do passado

48. OLHO DO FURACÃO *refúgio seguro*

O Olho do Furacão é um refúgio seguro para sua alma, um centro tranquilo, não influenciado pelo tumulto que pode estar ocorrendo à sua volta. Um sistema de apoio vital durante tempos difíceis ou doenças graves, segure essa pedra enquanto enfrenta desafios para manter as coisas em perspectiva.

Autoconhecimento: Você pode estar permitindo que os desafios e traumas da vida o afastem do seu centro interior. O estresse e a pressão são uma das principais causas da sua indisposição. Você pode estar se concentrando muito em um aspecto da vida em detrimento de outros. Leve em conta o quadro mais amplo.

Adivinhação: Adivinhação: Hora de relaxar e se livrar do estresse. Permaneça consciente em vez de apenas vigilante. O excesso de adrenalina afeta adversamente seu sistema imunológico. Ative o potencial positivo nas paredes de suas células. Medite em silêncio para rejuvenescer seu DNA.

***Insight* de cura:** Não importa que a tempestade esteja furiosa ao seu redor, você pode permanecer centrado e calmo.

FREQUÊNCIA: terrena e alta
CHAKRAS: todos
INDICAÇÃO DO TEMPO: qualquer momento
CAMINHO DA ALMA: atravessar com segurança a tempestade

49. QUARTZO ENFUMAÇADO GRÁFICO *o estabilizador*

O Quartzo Enfumaçado Gráfico apoia todas as estruturas do corpo, eliminando detritos tóxicos e memórias traumáticas. Ele mantém você ancorado e equilibrado na encarnação física, enquanto explora outras dimensões.

Autoconhecimento: A falta de confiança em si mesmo e nos outros cria barreiras psicológicas que estão no cerne da sua indisposição. Sua autoestima é baixa, o que torna seu sistema imunológico deficiente. Memórias de traumas antigos modificaram sutilmente seu DNA ancestral. Num nível profundo, você foi reprimido e limitado. Permita-se expandir novamente.

Adivinhação: Realize uma jornada xamânica nos mundos invisíveis em busca de cura. Ali, você encontrará as causas subjacentes da indisposição e imperativos de alma desatualizados que estão afetando seu bem-estar. Ofereça a si mesmo a dádiva da transformação.

***Insight* de cura:** A cura é encontrada nas profundezas mais sombrias do seu próprio ser, não em forças externas.

FREQUÊNCIA: terrena e alta
CHAKRAS: todos
INDICAÇÃO DO TEMPO: outono
CAMINHO DA ALMA: explorar tabus; pisar onde outros temem pisar

50. CAROÍTA *cicatrização de feridas*

A Caroíta proporciona uma cura profunda, tanto física quanto emocional. Transmutando a energia negativa, ela converte a indisposição em bem-estar. Com sua ajuda, você reconhece que seu maior trauma é também sua dádiva mais profunda. Aceite-o com gratidão. A Caroíta reenergiza, cura e integra dualidades, tratando indisposições de vidas passadas trazidas para a vida presente.

Autoconhecimento: Cisões e medos profundos permeiam seu ser. Você pode não sentir que pertence à Terra, o que faz com que a alienação e a insegurança fiquem sob uma superfície enganosamente serena. Você é impulsionado de maneira sutil pelos pensamentos e pelas programações de outras pessoas, em vez dos seus. Seu sistema nervoso autônomo pode estar em desequilíbrio; se for o caso, ele precisa ser recalibrado.

Adivinhação: Hora de assumir o controle! Você está passando por uma mudança vibracional, criando vínculos com realidades superiores. Visões de vidas passadas sugerem maneiras de remediar o karma pessoal e coletivo.

***Insight* de cura:** Ao aceitar o presente como o momento perfeito, você cria espaço para curar.

FREQUÊNCIA: alta
CHAKRAS: todos
INDICAÇÃO DO TEMPO: qualquer
CAMINHO DA ALMA: servir à humanidade; curar as feridas do passado

RECURSOS

Livros de Judy Hall com informações detalhadas sobre as propriedades de cristais:

101 Power Crystals: The Ultimate Guide to Magical Crystals, Gems, and Stones for Healing and Transformation (Fair Winds, EUA; Quarto, Londres, 2011).

Crystals for Psychic Self Protection (Hay House, Londres, 2014).

Crystal Prescriptions: Vols 1–4: The A–Z guide to over 1,200 symptoms and their healing crystals [subtítulos variam ligeiramente para cada volume] (O Books, Winchester, Reino Unido; Nova York, EUA; 2005).

Earth Blessings: Using crystals for personal energy clearing, Earth healing and environmental enhancement (Watkins Publishing, Londres, 2014).

The Encyclopedia of Crystals (Godsfield Press, Reino Unido; Fair Winds, EUA; 2013).

The Crystal Bible: Vols 1-3 *(Godsfield Press, Reino Unido; e Walking Stick Press, EUA; 2009, 2009, 2013) [***A Bíblia dos Cristais:*** volumes 1, 2 e 3. São Paulo: Pensamento, 2008, 2010, 2015.]

GLOSSÁRIO

Aliado/poder animal Figura xamânica que o auxilia e guia.

Alma gêmea Companheiro que o ajuda a aprender as lições pelas quais a sua alma precisa passar nesta encarnação. Pode não ser uma união feliz e harmoniosa se as lições forem desafiadoras.

Bastão de defumação Sálvia, erva-doce-americana, losna ou outras ervas secas amarradas num feixe em forma de bastão. Quando aceso, a fumaça purifica o espaço ao redor.

Campos eletromagnéticos As energias geradas por equipamentos elétricos e linhas de energia que podem ser prejudiciais à saúde de pessoas eletrossensíveis.

Chakra Um ponto de ligação energética entre o corpo físico e os corpos sutis. Disfunções nos chakras podem levar a desequilíbrios físicos, emocionais, mentais ou espirituais.

Chama gêmea O que a maioria das pessoas quer dizer quando diz "alma gêmea". A chama gêmea é uma companheira do coração, mutuamente solidária, não julgadora e repleta de amor incondicional.

Corpo de luz Corpo energético de alta frequência acoplado ao físico, que eleva suas vibrações.

Corpo etérico O conjunto de camadas bioenergéticas que circundam o corpo físico. Ele mantém o esquema a partir do qual o corpo físico é criado.

Corpos energéticos Campos biomagnéticos sutis que cercam e interpenetram o físico.

Indisposição Qualquer desequilíbrio criado por traumas, atitudes, crenças e emoções bloqueadas.

Karma As consequências do que você fez no passado ou do que deixou de fazer. O karma é um processo contínuo criado a cada momento.

Ki Veja Meridianos.

Linhagem ancestral A história da sua família nuclear e da sua família estendida, inclusive ancestrais diretos.

Linhas de energia da Terra Campos de força que transportam energia ao redor do planeta. Se estiverem bloqueadas ou rompidas, resultam em desequilíbrio e desarmonia.

Meridianos Linhas energéticas sutis que percorrem o corpo carregando o Ki, a força vital.

Psicossomático A doença psicossomática não é imaginária; é criada por todos os pensamentos, crenças, emoções, karma, herança ancestral etc., que moldam seu campo energético e, por fim, causam uma impressão no físico.

Trigônico O cristal trigônico tem indentações triangulares invertidas que são codificadas para a alma.

ÍNDICE REMISSIVO

LISTA DAS CARTAS

1 Turmalina Negra
2 Sílex
3 Jaspe Moukaíta
4 Crisocola
5 Malaquita
6 Jaspe Mamangaba
7 Cornalina
8 Granada
9 Olho-de-Tigre
10 Ágata Rendada Azul
11 Heliotrópio
12 Quantum Quattro
13 Lápis-Lazúli
14 Peridoto
15 Quartzo Rosa
16 Água-marinha
17 Ametista
18 Citrino
19 Apatita
20 Labradorita
21 Selenita
22 Maianita Arco-Íris
23 Quartzo Trigônico
24 Auralita 23
25 Anandalita
26 Azeztulita
27 Agente de Cura Dourado
28 Quartzo Enfumaçado Elestial
29 Quartzo Nirvana
30 Ajoíta
31 Jaspe Policromo
32 Lingam de Shiva
33 Bluestone de Preseli
34 Moldavita
35 Alma Gêmea
36 Granito Rosa
37 Aragonita Lavanda
38 Ametista Brandenberg
39 Turquesa
40 Menalita
41 Halita
42 Jaspe Kambaba
43 Rodozita
44 Purpurita
45 Rodocrosita
46 Diamante de Herkimer
47 Ancestralita
48 Olho do Furacão
49 Quartzo Enfumaçado Gráfico
50 Caroíta

A AUTORA

Judy Hall foi uma bem-sucedida escritora de livros sobre temas relacionados ao campo da mente, do corpo e do espírito. Com mais de 45 anos de experiência, Judy atuou como terapeuta de vidas passadas, terapeuta de cristais e astróloga kármica. Ela oferecia seminários sobre cristais, vidas passadas e escrita criativa em todos os Estados Unidos. Médium natural, Judy tinha ampla experiência em diversos sistemas de adivinhação e métodos naturais de cura. Ela era formada em Estudos Religiosos e uma grande estudiosa de religiões do mundo e mitologia, além de ter pós-graduação em Astronomia e Astrologia Cultural, na Bath Spa University. Seus livros incluem a série *A Bíblia de Cristais* (volumes 1, 2 e 3), que já vendeu milhões de cópias no mundo todo, *O Guia Definitivo da Geometria Sagrada com Cristais; Conhecimento Prático com Cristais*, *O Poder de Manifestação dos Cristais* e a *Bíblia da Astrologia*, todos publicados pela Editora Pensamento. Ela figurou três vezes na lista Watkins dos cem autores espiritualistas mais influentes do mundo e foi eleita personalidade do ano em 2014, pela revista *Kindred Spirit*. Sua mentora foi Christine Hartley (colega metafísica e agente literária de Dion Fortune). Judy Hall faleceu em 5 de agosto de 2021, aos 77 anos. (Visite a página em sua memória: https://www.facebook.com/officialcrystaljudyhall.)

O FOTÓGRAFO

Michael Illas é um fotógrafo comercial e de produtos. Natural da Eslováquia, reside agora em Salisbury, no Reino Unido. Michael tem formação técnica e adora combinar sua criatividade com os aspectos técnicos da fotografia. Gosta de conhecer pessoas criativas e aceitar novos desafios. Realiza trabalhos em seu estúdio e também em locais diversos, atendendo clientes de todas as partes do Reino Unido. Seu site é www.michaelillasphoto.com.